Inteligencia Emocional

Una guía paso a paso para mejorar su coeficiente emocional, controlar sus emociones y comprender sus relaciones

LETICIA CABALLERO

Además, la transmisión, duplicación o reproducción de cualquier parte del siguiente trabajo, incluida la información específica, se considerará un acto ilegal, independientemente de si se realiza de forma electrónica o impresa. Esto se extiende a la creación de una copia secundaria o terciaria del trabajo o una copia grabada y solo se permite con un consentimiento expreso por escrito del editor. Todos los derechos reservados.

La información en las siguientes páginas se considera en general como una descripción veraz y precisa de los hechos y, como tal, cualquier falta de atención, uso o mal uso de los datos en cuestión por parte del lector, hará que las acciones resultantes sean únicamente de su competencia. No hay escenarios en los que el editor o el autor original de este trabajo puedan ser considerados responsables de cualquier dificultad o daño que pueda ocurrirle al lector tras analizar la información aquí descrita.

Además, la información en las siguientes páginas está destinada únicamente a fines informativos y, por lo tanto, debe considerarse como universal. Como corresponde a su naturaleza, la información presentada no garantiza su validez ni su calidad provisional. Las menciones a marcas comerciales se realizan sin consentimiento por escrito y de ninguna manera puede considerarse que hay un respaldo del titular de la marca comercial.

Tabla de contenido

Introducción

El tiempo transcurre gradualmente en un mundo lleno de violencia, injusticia y maltrato. Las personas se encuentran enfrentadas ante una realidad misteriosa y enigmática. En donde las actitudes de la mayoría de los individuos es ruin y déspota, primordiando el pasar por sobre los demás, sin importar las consecuencias. En el mundo existe todo tipo dc personas, encontrándonos con diversidad de personalidades, encontramos a individuos con temperamentos fuertes, vengativos, tercos, mientras que existen personas más frágiles, un poco emocionales, intuitivos, pacíficos y demás personalidades orientadas al positivismo. Es en esta parte donde aparece la influencia de las emociones en la forma de ser de las personas del mundo.

En este libro abordaremos la verdad acerca de la inteligencia emocional, sus diferentes definiciones de acuerdo a la perspectiva en que se determine, también descubriremos qué son en realidad las emociones y cuáles de estas tipos existen en el mundo. Asimismo exploraremos las opiniones de muchos autores, especialistas y psicólogos sobre el comportamiento humano y su relación con la inteligencia emocional, además de esto indagaremos acerca de cómo manejar las emociones, hasta el punto de tomar el control en las situaciones que se nos presenten en la vida diaria. Veremos también la forma de perfeccionar y entrenar nuestras habilidades sociales, emocionales e intelectuales de acuerdo con la IE.

El conocimiento se encuentra a la merced del hombre, inculcando el aprendizaje a través de la lectura, por ello hemos desarrollado en este libro una serie de pautas para fortalecer la inteligencia emocional. Encontraremos la verdadera importancia y el valor de este tipo de inteligencia. Pasaremos a explicar algunos modelos, teniendo en cuenta las investigaciones expuestas por Goleman, Salovey y Mayer. De igual forma mediremos nuestro nivel emocional a través de una prueba o test de inteligencia emocional.

Este libro es una guía orientada al fortalecimiento de las habilidades internas de cada individuo, con el fin de fomentar la inteligencia emocional, sin apartar la cognitiva, por ello estableceremos las diferencias entre estas dos inteligencias; mostraremos algunos pasos para desarrollar la IE en respuesta a las malas actitudes de los demás. Entrelazaremos las habilidades junto a las emociones, de las cuales sale a flote el desarrollo de habilidades emocionales, cuyo objetivo es la reflexión y la puesta en marcha de acciones que nos infunden tranquilidad en nuestra mente y corazón.

Veremos cuán importantes son las capacidades de automotivación, empatía, conciencia, control de emociones y comunicación asertiva. El eje de estas destrezas se encuentran en la voluntad que desarrollaremos después de aprender acerca de la inteligencia emocional. Profundizaremos sobre la inteligencia en el trabajo, tanto para empleados y empleadores, surgiendo así muchos consejos prácticos a la hora de enfrentarnos con el ambiente laboral. Igualmente desarrollaremos pautas necesarias para la familia y cómo padres, hijos y demás familiares pueden aprovechar esta importante inteligencia para mantener una exitosa relación familiar. Por eso, encontraremos en este libro muchos casos de la vida real, de esta forma aprenderemos cómo no debemos actuar.

Abordaremos en el contenido temas sobre cómo dejar de prestarle atención a los malos comentarios y también al apego emocional, descubriremos todos los secretos que esconde la inteligencia emocional, descifraremos lo que ocultan los líderes exitosos y cómo hacen para analizar, ayudar e incluso enseñar de forma positiva a los demás.

Inteligencia emocional es un libro que cautiva con sus páginas, llevándonos al entendimiento concreto de la inteligencia emocional, de esta forma podemos alcanzar el éxito en el trabajo, mejorando nuestra productividad; en las relaciones personales, aumentando la interacción positiva con nuestros familiares, vecinos y compañeros de trabajo. El objetivo primordial es hacer a un individuo capaz de perfeccionar su inteligencia tanto emocional como cognitiva. ¡Es hora de descubrir todos los secretos! ¡Preparémonos para cambiar nuestra vida!

Capítulo Uno:
¿Qué es la inteligencia emocional?

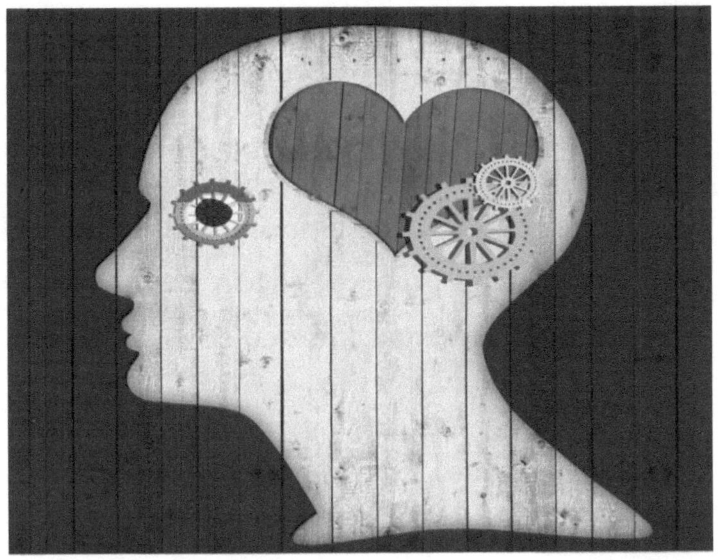

Las emociones

Los seres humanos y el resto de los seres vivos nos encontramos en un mundo de constantes cambios, en el que podemos percibir olores, sabores, texturas y colores, gracias a nuestros sentidos. Son precisamente nuestros sentidos los que también nos permiten experimentar un sinnúmero de emociones, como el amor, la tristeza, la angustia o miedo, etcétera. Es prácticamente imposible que no estemos expuestos a algún tipo de emoción ante las situaciones que nos rodean y a los hechos que nos suceden día a día. Si bien, prácticamente todos los seres humanos (a excepción de aquellos que padecen algún daño en una estructura anatómica relacionada con las emociones) tenemos emociones, no quiere decir que todos expresaremos la misma emoción en una situación específica.

Por ejemplo, usted es una persona que hace un año no ve a su tía y de pronto, ella aparece en el vestíbulo de su casa, entonces, es posible que al verla usted externe felicidad por todo el tiempo que no la ha visto, o bien, angustia por esa visita inesperada en la que no sabe qué decir o que ofrecerle para que ella esté a gusto. En todo caso, también puede llegar a sentir indiferencia, ya que no es un familiar cercano. En este sentido, el tipo de emoción que experimentamos y la forma en la cual la canalizamos, nos permitirá enfrentar la situación de una manera oportuna, si es que mostramos al menos una sonrisa, o no acertado si demostramos apatía. Este ejemplo, sin duda, nos permite comprender el resultado que podemos obtener si canalizamos nuestras emociones de manera adecuada, pero, ¿qué son las emociones?

Muchos investigadores y especialistas en el área se han dado a la tarea de investigar al respecto, sin embargo, no existe una definición exacta de lo que significa el término "emoción", debido a la complejidad de lo que este representa. En su lugar, existe una gran variedad de definiciones que pretenden explicar y delinear un concepto. Como lo mencionan Wenger y Jones (1962): "Casi todo el mundo piensa que sabe qué es una emoción hasta que intenta definirla. En ese momento prácticamente nadie afirma poder entenderla".

Chóliz (2005), expresa: "Es claramente entendible el porqué es difícil definir el concepto de emoción, ya que engloba una experiencia multidimensional, es decir, que contiene elementos de carácter subjetivo, conductual y fisiológico". Aunque estos elementos se encuentran presentes en las emociones, su proporción e importancia en cada una de ellas suele variar dependiendo de la situación de la que se trate y de la persona que la experimenta. Es así como las emociones pueden variar en cualidad e intensidad debido a todo el aparato conductual, fisiológico y psicológico que se encuentra involucrado.

Además el autor anterior sugiere: "Existen diferentes teorías desde las cuales se pueden analizar las emociones, una de ellas es la Teoría tridimensional del sentimiento de Wundt, la cual aborda las emociones desde tres dimensiones: excitación-calma, agrado-desagrado y tensión relajación". A partir de esta teoría se derivan otras corrientes que aceptan algunas dimensiones y exceptuan otras. De todas las dimensiones la más aceptada es la del agrado-desagrado.

Es partir de la dimensión de agrado-desagrado que surge el siguiente concepto el cual define a las emociones como " una experiencia afectiva en cierta medida agradable o desagradable que supone una cualidad fenomenológica característica y que compromete tres sistemas de respuesta: cognitivo-subjetivo, conductual-expresivo y fisiológico-adaptativo. (Chóliz-2005).

Otras definiciones importantes acerca de las emociones es expresado por algunos autores:

Las emociones también se distinguen en primarias y secundarias. Mientras que las emociones primarias tienen una raíz fisiológica, las emociones secundarias pueden depender mayormente del contexto social. Es así que entre las emociones primarias podemos encontrar el miedo, la ira, la depresión o la satisfacción, mientras que en las secundarias la vergüenza, la nostalgia y el amor. (Bericat, 2012).

Como se puede apreciar, independientemente del tipo de emoción de la que se trate, ya sea primaria o secundaria, las emociones pueden ser agradables o desagradables.

Normalmente sentimos una emoción agradable cuando un acontecimiento positivo sucede en nuestras vidas, es decir, algo que nos proporcionará un beneficio. Un ejemplo de emoción agradable es la alegría que siente un niño al sacar una nota alta en el colegio, o aquella que siente un padre después de no haber visto a su familia durante diez largos años. En estos casos la alegría se manifestará como una sensación de regocijo, cuyo resultado será para el caso del niño el reconocimiento escolar y posiblemente algún premio por parte de sus padres, mientras que en el caso del padre que se reencontró con su familia, el beneficio será el poder disfrutar de la compañía de sus seres queridos después de tantos años sin verlos.

Sin lugar a dudas, el hecho de vernos rodeados de emociones agradables nos hace creer que el mundo vale la pena y que es preciso perseverar para conseguir nuestros mayores anhelos. Sin embargo, no todo es color de rosa, así como existen las emociones agradables, también se encuentran las emociones desagradables, las cuales en el momento no nos ofrecen un resultado favorable ante la situación que estamos viviendo. Entre las emociones desagradables se encuentran la ira, la tristeza o el miedo, por mencionar algunas.

En el caso de la ira, esta se manifiesta a través de una sensación de irritabilidad que se genera porque algún evento o hecho no sucedió a nuestro favor o como nosotros hubiésemos querido. Un ejemplo de alguna situación que puede desencadenar ira, es que las principales avenidas viales estén obstaculizadas por una marcha civil, justo a la hora en la que normalmente transitamos por ahí para ir a nuestro trabajo. Probablemente no habría problema o quizá la dificultad sería menor si el día fuera otro. No obstante, sucede que justo la hora y el día de la marcha tenemos que dar el informe de ventas anuales a los directivos de la empresa para la que trabajamos. ¿Qué sucede en este caso?, pues bien, tenemos como opción llegar antes que nuestros jefes y explicarles lo sucedido, sin embargo, para ellos esta explicación puede ser vista como una excusa a nuestra impuntualidad, lo que nos restaría puntos para un próximo ascenso. Toda esta situación produce irritabilidad, enojo y estrés ante un conflicto, cuya solución inmediata y favorable parece escaparse de las manos, dejándonos incluso una sensación de frustración.

Como esta situación hay muchas más que nos pueden producir ira y consecuentemente descontento. Otra emoción desagradable bastante común y que realmente pone a prueba el aparato conductual, psicológico y fisiológico del ser humano es el miedo. Esta emoción es quizás una de las más desagradables y se presenta cuando el sujeto se encuentra en una situación de peligro, muchas veces real, aunque también puede ser imaginaria. Por ejemplo, están las personas que tienen miedo extremo a las arañas y sin razón aparente deciden abstenerse de determinadas actividades y lugares para evitar entrar en contacto con ellas. El solo ver a estos arácnidos acelera la respiración y el pulso del fóbico, incrementando también la sudoración. El miedo a las arañas constituye por lo tanto, un miedo irracional que no se fundamenta en un peligro verdadero, sino más bien, en un trasfondo psicológico.

Por otro lado, está el miedo ante el peligro real. ¿A qué tipo de miedo nos referimos? Nos referimos al miedo racional que sentimos cuando nos encontramos en situaciones que nos hacen realmente vulnerables. Por ejemplo, cuando un individuo se encuentra de frente con un león en la selva, se produce el miedo racional debido a la situación riesgosa que está viviendo el sujeto y a la peligrosidad del animal que está frente a él. En ese momento de temor y angustia, se desencadenan una serie de eventos como la huida, cuya finalidad es proteger la vida del individuo en cuestión.

Independientemente de que las emociones sean agradables o no, tienen tres principales funciones: adaptativa, social y motivacional. Adaptativa porque preparan al organismo para ejecutar una conducta ante una situación específica; social, ya que permiten la interacción con los demás y motivacional debido a que intensifican la respuesta emocional.

La Inteligencia emocional

Luis va a la escuela preparatoria y tiene un muy buen promedio en prácticamente todas sus asignaturas, sobre todo en matemáticas, por lo que sus compañeros lo consideran el más inteligente del grupo. Sus profesores también dicen lo mismo y añaden que los más inteligentes son aquellos alumnos que obtienen mejores calificaciones. En antaño este era el concepto que solía tenerse acerca de la inteligencia, la cual normalmente se vinculaba a las notas altas. Hoy día se sabe que no es así y que existen otros parámetros para juzgar la inteligencia de un individuo.

A lo largo de la historia se han identificado distintas definiciones de inteligencia. Una de las acepciones más aceptadas para definirla refiere que la inteligencia es la capacidad de un individuo para resolver problemas nuevos y para adaptarse al ambiente. (Ardila, 2011).

La definición de Binet menciona que la inteligencia se relaciona a cualidades tales como la memoria, la percepción y el intelecto. En el caso de Thurstone la inteligencia tiene que ver con un conjunto de aptitudes mentales entre las que se encuentran: la comprensión verbal, la velocidad mental, la memoria y la lógica.

Uno de los pioneros en el campo de la inteligencia fue Alfred Binet, un psicólogo francés al que se le atribuyen los primeros estudios acerca de la inteligencia, él creó una escala que mide la capacidad cognitiva y de inteligencia de los individuos, la cual es conocida como Escala de Inteligencia Stanford-Binet, que puede detectar deficiencias en el desarrollo intelectual de los niños. La escala permitió correlacionar los datos obtenidos en las pruebas con el éxito escolar de los alumnos, debido a que dependiendo de la pruebas, éstas pueden ser resueltas por niños de distintas edades. (Ardila, 2011).

Es así que esta prueba permite establecer la diferencia entre la edad mental y la edad cronológica. Para Robert Sternberg, otro especialista en el campo de la inteligencia, esta radica en las habilidades creativas, analíticas y prácticas de un individuo. Dicha concepción lo llevó a proponer el Test de Habilidades Triádicas de Sternberg, que considera un enfoque psicométrico; mediante preguntas que contienen elementos verbales, numéricos y figurativos.

Precisamente, debido a la puntuación que puede obtenerse en las pruebas clásicas de inteligencia, es que se cree que este concepto puede medirse. En 1912, William Stern propuso el término Cociente Intelectual (CI), para definir el puntaje obtenido de la edad mental (la capacidad intelectual de una persona, la cual se puede obtener mediante pruebas estandarizadas para cada nivel de edad) dividida entre la edad cronológica (en meses) y multiplicado por 100, de tal forma que se obtiene un número entero.

CI = (Edad mental/Edad cronológica) x 100

Ardila afirma: "Un CI de 100 y las variaciones de 15 puntos, 100 ± 15, es decir, entre 85 y 115 son considerados como normales . Los puntajes debajo de 85 o bien, arriba de 115 se consideran como subnormal y supranormal, respectivamente". En una categorización más amplia, un puntaje de 130 o más implicaría que el individuo es un genio, mientras que de 20-25 o menos se catalogaría como retardo mental profundo.

Si bien, las pruebas tradicionales de inteligencia han sido valiosas durante la labor escolar, así como en el tratamiento de diversos padecimientos, tales como el déficit cognitivo etiquetan estrictamente a las personas en inteligentes o no inteligentes solo midiendo las habilidades lógica-matemáticas y verbales, sin considerar otros aspectos importantes, tales como las relaciones interpersonales, la creatividad y la motricidad, las cuales son sumamente importantes para apreciar realmente la inteligencia de un individuo.

Es posible observar esta circunscripción de inteligencia en alumnos que tienen bajas notas en materias como matemáticas. Por ejemplo, si un alumno obtiene una puntuación de 5 en esta asignatura y 10 es lingüística, muchos dirán que no es inteligente, pero si tenemos una visión más amplia, podemos ver que el alumno sí es inteligente en linguïstica, es decir, que posee una inteligencia en esa área, la cual puede ser potencializada para obtener mejores resultados. La detección de nuestras fortalezas permitirá y facilitará que encaucemos nuestros esfuerzos hacia ellas.

A diferencia de la pruebas tradicionales orientadas a medir la inteligencia como equivalente de la capacidad cognitiva, en 1983 surge la Teoría de las Inteligencias Múltiples, de Howard Gardner, que considera la existencia de diferentes tipos de inteligencias, la cuales son: lógico-matemática, lingüística, musical, espacial, intrapersonal, interpersonal o social y corporal-cinestésica. Años más tarde, Gardner también añadiría al grupo las inteligencias naturalista y existencial. Sin duda, la Teoría de las Inteligencias Múltiples constituye un nuevo enfoque que abre el horizonte del significado de inteligencia hacia una definición más amplia, del cual no limita a la capacidad cognitiva, destacando la baja necesidad de que un individuo tenga inteligencia en lógica-matemática o en cualquier otro tipo para poseer inteligencia social.

De las inteligencias propuestas por Gardner hay dos que destacan, la inteligencia intrapersonal e interpersonal, mientras que la primera se refiere al conocimiento de uno mismo y a cómo controlamos nuestras emociones, la segunda alude a cómo utilizamos nuestras emociones para interactuar con los demás. Estos términos han ido evolucionando poco a poco para dar lugar a lo que hoy se conoce como inteligencia emocional, término extendido por Daniel J. Goleman, pero cuyo origen se remonta a hace casi 30 años con Peter Salovery y John Mayer.

Salovery y Mayer concibieron a la inteligencia emocional como: "la habilidad para percibir con precisión, valorar y expresar emociones, acceder y/o generar sentimientos cuando facilitan el pensamiento, también a la habilidad para entender la emoción y el conocimiento emocional y la habilidad para regular emociones que promuevan el crecimiento emocional e intelectual", es decir, a la capacidad de conocer nuestras emociones y a cómo las empleamos en el medio que nos rodea, en diferentes aspectos de la vida, tales como la familia, los amigos, el trabajo, etcétera.

En la definición de inteligencia emocional de Salovery y Mayer destacan cinco capacidades de la inteligencia emocional, las cuales son: a) establecer relaciones sociales o interpersonales, de tal forma que cultivemos relaciones fructíferas, resolviendo los conflictos con nuestros semejantes de la mejor forma, b) la empatía, que tiene que ver con ponernos en el lugar de los otros, comprendiendo y detectando sus necesidades, c) reconocer nuestras propias emociones, es decir, reconocer cuando sentimos tristeza, alegría o ira, d) saber cómo controlar dichas emociones, e) auxiliarnos de cualidades como la motivación y la perseverancia para poder salir adelante ante los fracasos y las adversidades de la vida, teniendo certeza de los logros que podemos alcanzar. (Dueñas, 2002).

Tan solo unos años después de las teorías propuestas por Gardner y por Salovery y Mayer, Daniel J. Goleman retoma en 1995, el concepto de la Inteligencia Emocional y lo redefine: "una meta-habilidad que determina el grado de destreza que podemos conseguir en el dominio de nuestras otras facultades", concibiéndolo como el elemento más importante para alcanzar el éxito laboral y personal, incluso más valioso que el coeficiente intelectual, el cual en el pasado era el único parámetro que se juzgaba para medir la inteligencia. Hoy día la inteligencia emocional es más importante que el coeficiente intelectual, pero ¿a qué se debe esto?

Es sencillo comprender lo anterior con el siguiente ejemplo, usted es una persona que se acaba de graduar de la Universidad y toda su vida académica ha tenido un promedio de excelencia, siempre ha recibido reconocimientos en la escuela y sus profesores continuamente lo exaltaban como uno de los mejores estudiantes. Sin embargo, usted también es una persona tímida y cohibida, con poca iniciativa y ha llegado la hora de buscar un empleo. Resuelve que buscará trabajo en una gran compañía que vende productos tecnológicos, desafortunadamente las altas notas escolares no son suficientes para conseguirlo, ya que en el puesto que usted solicita requieren experiencia y a una persona sociable para vender a los clientes los productos de interés. ¿Qué hace en este caso?

Es indudable que deberíamos desarrollar las habilidades intrapersonales e interpersonales para conseguir el empleo. Quizás al inicio de la vida laboral, los requerimientos de ser sociable y determinado pueden desalentarnos, pero debemos saber que es necesario desarrollar estas aptitudes, ya que sin ellas nuestro camino laboral puede llegar a ser bastante incierto. En el trayecto nos encontraremos compitiendo con otros colegas, que si bien no fueron lo suficientemente avispados en la escuela, sí poseen las habilidades sociales necesarias para adaptarse a la vida laboral, particularmente al trabajo en el que está interesados y si no reaccionamos a tiempo, haciendo uso de la inteligencia emocional, sencillamente no triunfaremos ni tendremos éxito en el plano laboral y probablemente tampoco en el personal.

Otro ejemplo de cómo la falta de control de nuestras emociones puede afectarnos, es cuando tenemos discusiones con nuestra esposa ,antes de ir a la jornada laboral, por lo que nos sentimos irritables, sin embargo, no podemos eliminar esta emoción tan fácilmente, por lo que al llegar al trabajo nos sentimos iracundos y molestos. Ese día debemos atender a unos clientes que están interesados en nuestros servicios de consultoría, pero el mal humor nos impide atenderlos adecuadamente y no logramos convencer a los clientes de que adquieran el servicio que la compañía les ofrece, incluso logramos advertir que los clientes se van con un sinsabor. El resultado de esta infortunada reunión es que pierde la posibilidad de que los clientes adquieran el servicio y el porcentaje de bonos que recibimos con la negociación, sin contar que hemos perdido parte de la credibilidad y carácter profesional ante los clientes y quizás también ante los jefes. En estos casos queda expuesto la importancia de la inteligencia emocional y el por qué el cociente intelectual no es suficiente para triunfar en la vida.

Daniel Goleman explica que la inteligencia emocional es una herramienta que nos permite relacionarnos con los demás, así como controlar nuestros impulsos, al mismo tiempo que engloba habilidades tales como, la autoconciencia, la empatía y la motivación, entre otras. Asimismo, Goleman menciona que para la adaptación social son necesarios ciertos rasgos de carácter como la compasión y la autodisciplina. Una de la características principales de la Teoría de Goleman es que esta puede aplicarse perfectamente al entorno empresarial, pronosticando incluso el éxito o fracaso en la vida laboral.

La inteligencia emocional también ha sido denominada como cociente emocional (EQ, por sus siglas en inglés), el cual se conceptualiza como la capacidad de comprender, usar y manejar nuestras propias emociones de forma positiva para atenuar el estrés, un mal que aqueja severamente a prácticamente todos los sectores de la sociedad. La inteligencia emocional coayuda a la comunicación efectiva, así como a empatizar construyendo relaciones sólidas con el resto de la gente, también contribuye a la resolución de conflictos, haciendo posible que tengamos éxito tanto en la escuela como en el trabajo, alcanzando así nuestros objetivos personales y laborales.

¿Cómo manejar las emociones?

Las emociones son parte de nuestra vida, no podemos suprimirlas y mucho menos ir en contra de estas, puesto que la propia naturaleza nos ha formado como seres capaces de sentir, ya sea felicidad, compasión, tristeza, amargura, y demás emociones. La clave para hallar la respuesta sobre el manejo de las emociones la podemos encontrar analizando cada aspecto interno, en donde la esencia o el verdadero ser se esconde para no ser captado, pocos son capaces de encontrarse asi mismos.

Es importante que aprendamos a conocernos a nosotros mismos, pues sólo de esta manera podemos saber lo que pensamos y lo que sentimos. El conocer nuestras emociones nos permitirá saber cómo reaccionamos ante las distintas situaciones que se nos presentan, de tal forma, que la siguiente vez podamos actuar de manera acertada y efectiva. Indudablemente, la autoconciencia y el autoconocimiento de lo que somos nos permiten gestionar de una mejor forma nuestras vidas. Por ejemplo, suponga que usted es una persona que está por graduarse de la universidad y ha sido elegido por todos sus compañeros para dar el discurso de fin de grado de su generación. Si bien usted accede, al momento de dar el discurso nota que el hecho de estar frente el público lo inhibe y bloquea su mente, lo cual no le permite formular de manera fluida su discurso, por lo tanto, este no resulta tan elocuente, ni tiene el impacto que esperaba ante los espectadores. Es hasta este momento en que usted se ha dado cuenta de que sufre cierto temor escénico.

Seguramente, si usted hubiera advertido antes que al pararse ante un auditorio le producía temor, hubiese practicado más, quizá hubiese realizado varios ensayos del discurso semanas antes del evento frente a sus compañeros, o hubiese buscado técnicas de relajación que le permitieran combatir el estrés en un suceso de tal magnitud. Sin embargo, la falta de conocimiento de sus emociones hizo que no las gestionara adecuadamente y en el momento exacto, lo que impactó en su discurso haciéndolo tedioso y poco comprensible. Si bien, gracias a este suceso ahora reconoce su miedo al escenario, este también lo ha marcado, afectando su confianza para hablar en público. Es así como la falta de autoconocimiento provoca que nuestras acciones sigan hacia una dirección errada, lo que nos lleva a reflexionar sobre qué tan diferente hubiera sido si estuviéramos preparados para una situación como aquella, donde contaremos con las herramientas disponibles que nos permitieran reaccionar a tiempo.

Entrenar y perfeccionar tus habilidades emocionales

Aunque todos experimentamos emociones, en muchas personas suelen prevalecer las emociones negativas sobre las positivas, o bien, no suelen externar las emociones correctas en las situaciones adecuadas, lo que no les permite que desarrollen habilidades que las pueden llevar al éxito. Para todos aquellos que no han tenido éxito en la vida debido a la carencia de inteligencia emocional, es preciso decir que esta puede construirse. A diferencia del coeficiente emocional, que como se mencionó anteriormente, depende en gran medida del factor hereditario, todos podemos desarrollar nuestra inteligencia emocional conforme al nivel de conocimiento que tengamos de nosotros mismos y a la motivación para alcanzar el éxito. Sin estos componentes es prácticamente imposible que podamos alcanzar un buen nivel de inteligencia emocional.

Si bien, no es una receta que funcione por igual para todos, los ingredientes que se hallan inmersos en ella son los mismos. La cantidad de cada uno dependerá en mayor o menor grado de nuestras necesidades y objetivos. Para el desarrollo de la inteligencia emocional será fundamental: la autoconciencia, el autoconocimiento, la regulación de nuestras emociones, la automotivación, la empatía y las habilidades sociales. En la medida que que alcancemos la destreza en cada una de estas competencias, estaremos contribuyendo a incrementar y reforzar nuestra inteligencia emocional.

El entrenamiento necesario para desarrollar nuestras habilidades consistirá en lo siguiente:

Tener conciencia o autoconciencia de uno mismo. Para entrenar esta competencia es necesario que estemos conscientes de quiénes somos y lo que hacemos, es decir, que tengamos pleno conocimiento de nuestras sentimientos, nuestras emociones y nuestros conocimientos y, de cómo estos a través de nuestras acciones nos afectan e impactan en el medio en el cual nos desenvolvemos y en el que interactuamos con los demás. La autoconciencia la podemos desarrollar día tras día mediante una serie de actos tales, como la reflexión sobre los sucesos cotidianos que vivimos todos los días, o sobre alguna experiencia en particular que nos haya sucedido.

Es importante el tiempo que nos dedicamos a nosotros mismos ya que esto nos permite estar conscientes de nuestras emociones, de lo que nos disgusta o nos agrada, de lo que somos o queremos ser a largo plazo, es allí en dónde radica la verdadera razón de aprender acerca de la inteligencia emocional, a ese motivo de llegar a ser mejores personas, a cultivar en nuestros familiares la verdadera razón de la existencia, también a impregnar el amor hacia las cosas más bonitas de la vida. Si queremos mejorar el mundo debemos empezar por nosotros mismos, cultivar las semillas de la inteligencia emocional, a través del perfeccionamiento de las habilidades.

En el siguiente capítulo veremos todo acerca de la importancia que tiene cultivar la inteligencia emocional y todos los aspectos a tener en cuenta.

¡Sigamos aprendiendo acerca de la inteligencia emocional!

Capítulo Dos:
La importancia de cultivar la inteligencia emocional

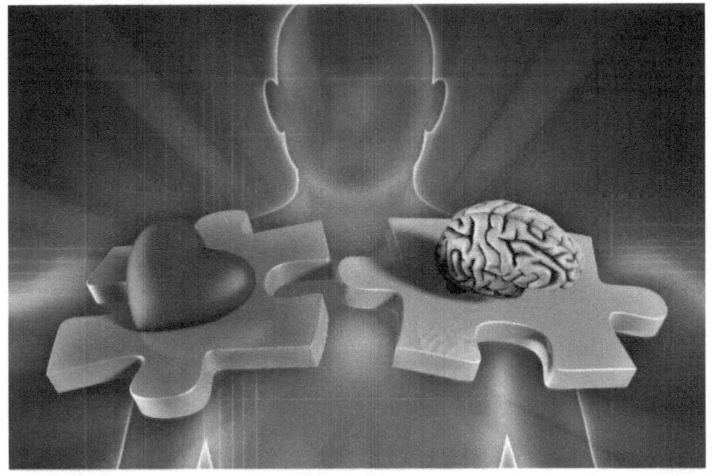

A medida que transcurre el tiempo, nuestra propia personalidad va adquiriendo forma, empezamos de ser un pequeño bebé con ganas de descubrir el mundo, pensando solo en nuestra madre y padre, siguiendo con la adolescencia en donde las hormonas comienzan a divagar y las emociones son cada vez más irritantes, para terminar siendo adultos, con responsabilidades y una vida llanamente laboral.

Las emociones son una pieza clave para encontrar y entender el comportamiento humano y toda las repercusiones que esto conlleva. Comprender cada aspecto de la vida emocional puede llevarnos en el camino correcto para hallar la raíz de algunos problemas. Por eso, en este capítulo abordaremos la importancia de cultivar la inteligencia emocional, sus modelos, pruebas de la inteligencia emocional, incluyendo las diferencias entre inteligencia emocional y cognitiva y cómo cultivar esta misma. Estos puntos son claves para comprender cuan importante es la inteligencia emocional en todos los aspectos de la vida y su conexión con las decisiones que un individuo puede tener en cualquier situación.

La inteligencia emocional es de suma importancia para la vida diaria. En primer lugar, nos ayuda a mejorar nuestras relaciones interpersonales, para entender esto veamos un ejemplo: el señor X está trabajando en una empresa, todos los días se sienta en su escritorio, pero en este caso su escritorio no se encuentra ordenado y limpio como los demás, la empleada de aseo no arregló su oficina. El señor X está muy enojado y se dirige hacia el departamento de limpieza y empieza a gritarle. ¿Fue la mejor opción? Pues, el jefe manda a llamar a los dos por el incidente, la empleada doméstica le explica primero que la acaban de llamar por el fallecimiento de un familiar y que después continuaría con su labor. El jefe entiende la situación y suspende al señor X por su actitud.

El anterior ejemplo demuestra, que usar la inteligencia emocional nos ayuda a mantener de forma positiva las relaciones interpersonales con nuestros semejantes, ya sea amigos, compañeros de trabajo, jefes y demás. El ser humano es sociable por naturaleza, siempre busca un equilibrio entre la vida social y su camino hacia el progreso. Cuidar nuestras relaciones interpersonales nos protegen de malas situaciones, de peligros como la violencia, y el odio dañino.

En segundo lugar, la inteligencia emocional permite conocernos a fondo. Cuando el ser humano llega a conocer sus defectos y cualidades tiene la oportunidad de evitar situaciones incómodas, tanto es el poder que tendrá sobre sus acciones que indiscutiblemente intentará todo lo posible para controlar sus emociones. De esta forma el individuo podrá moldear su psiquis emocional y transformarlo en un aspecto totalmente positivo e intuitivo.Muchos autores expresan las ventajas de conocernos a nosotros mismos:

No obstante, conocernos a nosotros mismos también nos permitirá tomar mejores decisiones, ya sea en el trabajo, en nuestras relaciones o en cualquier otro ámbito. Esto nos generará felicidad, pues no tener miedo a tomar decisiones y tomarlas con seguridad es una sensación maravillosa. Con todo esto, nuestras relaciones mejoran, nosotros también mejoramos y aumentamos nuestro autocono-cimiento. (Raquel Lemos, 2019)

En tercer lugar, la inteligencia emocional nos ayuda a luchar contra el estrés diario, es común sentir fastidio a través del estrés, sin embargo, esto nos alivia para no caer en sentimientos negativos y mucho menos de crear una bomba en nuestro interior listo para explotar con cualquier motivo. Es allí en donde la inteligencia emocional actúa en nuestro bienestar, erradicando completamente el fatídico estrés.

Por último, una gran ventaja que sin duda tendremos con la inteligencia emocional, es en nuestro espacio laboral. Este ámbito se verá potenciado, al mantener el alma y la mente serena, automáticamente la productividad aumenta y las ganas por hacer las cosas crece considerablemente. El rendimiento laboral sube con nuestras emociones sanas, si tenemos una mala actitud, nuestro cuerpo reflejará tal afecto y hará que la gente se aleje lentamente, y si el individuo se deja llevar, puede transformar alguna situación en una tormenta fatal. Muchos asesores comerciales y personas dedicadas a la atención del cliente, siempre deben mantener una excelente actitud, irradiar seguridad y comprender las actitudes de los demás.

Estos usualmente manejan la inteligencia emocional a su favor, hay que recordar que existen clientes sensatos y otros no. Al mantener a disposición el control de las emociones hará que el individuo se vea profesional y podrá manejar la situación con el mejor optimismo posible. Por lo tanto, la eficiencia y la productividad se verán reflejados en la parte laboral. Muchas personas percibirán nuestras acciones positivas y sensatas, y harán todo lo posible por seguir la senda de la inteligencia emocional.

Modelos de inteligencia emocional

A medida que ha transcurrido el tiempo y con las nuevas investigaciones realizadas en los últimos tiempos, se ha dividido en muchos modelos la inteligencia emocional, entre estas podemos encontrar tres grandes grupos: los modelos mixtos, modelos de habilidades y otros modelos que complementan a ambos.

Modelos mixtos: Se centran en la personalidad del ser, incluyendo aspectos en forma de valores positivas, como la tolerancia, el control, la motivación, la confianza, la destreza y el manejo de la ansiedad. De este modelo se distingue varios subgrupos, entre ellos podemos encontrar:

Modelo de Goleman: Este modelo sugiere la relación inequívoca de la conciencia emocional y la intelectual, complementándose ambas para un único fin, el equilibrio emocional. También Goleman sugiere algunos componentes que constituyen la propia inteligencia emocional. Entre algunas podemos encontrar: conciencia propia, autorregulación, motivación y habilidades sociales.

Por otro lado, este modelo tiene aplicación en la vida laboral, teniendo en cuenta aspectos organizacionales y de gestión, afines a la administración.

Modelo Bar-On: Se desarrolla el aspecto social sobre la base de la inteligencia emocional, aludiendo a una inteligencia social y emocional por encima de la inteligencia cognitiva. Este modelo está compuesto por diversos componentes, entre estos podemos encontrar: el componente interpersonal, del cual se refiere al entendimiento esencial sobre el "yo" y el conocimiento de las emociones y su origen. El componente de adaptabilidad se refiere a la solución de las diferentes problemáticas y su pronta solución, e incluso la flexibilidad de cambiar alguna emoción negativa y transformarla en algo mejor. Asimismo, el componente manejo del estrés y como su nombre lo indica, se refiere a la forma en que manejamos la ansiedad subyacente de la vida diaria y el control de los impulsos de agresión.

Por consiguiente, el componente del estado de ánimo se refiere a la satisfacción que rodea nuestra vida en general y las disposiciones positivas que tengamos sobre estas.

Modelos de habilidades en la inteligencia emocional

Resulta de la existencia de percibir otro punto de vista frente a la inteligencia emocional, en este no es primordial aspectos netamente personales y sociales, apartando la personalidad como eje central. En estos modelos se entran las habilidades y destrezas de origen biológico impregnado en el cerebro humano. Así como lo postula Mariano García y Sara Giménez en su informe científico, en *la inteligencia emocional y sus principales modelos*, afirman: "Éstos postulan la existencia de una serie de habilidades cognitivas o destrezas de los lóbulos prefontales del neocórtex para percibir, evaluar, expresar, manejar y autorregular las emociones de un modo".

En este tipo de modelo se distingue uno en particular:

Modelo Salovey y Mayer: Desde sus inicios los cambios graduales de sus formulaciones han llevado a este modelo a resguardar la empatía como un componente. La popularidad y la práctica de este modelo es importante para la modernidad. Entre los componentes más notables se destacan: la percepción, comprensión y facilitación emocional, también la regulación de las emociones en su máxima expresión. Por ende, la particularidad de lo que propone Salovey y Mayer es el avance y el esfuerzo del hombre a través de sus habilidades internas para encontrar la inteligencia emocional.

Otros modelos de inteligencia emocional

En estos modelos se presentan una mezcla de las habilidades mixtas y los modelos de habilidades, en donde se tienen en cuenta componentes de personalidad, sociales y de habilidades. Algunos modelos son los siguientes:

Modelo Cooper y Sawaf: En este modelo sale a flote cuatro pilares fundamentales, la alfabetización emocional, la agilidad emocional, la profundidad y la alquimia emocional. Todos estos persiguen la eficiencia y el aplomo personal tanto en el trabajo como en las relaciones interpersonales de los individuos. Constituyendo así una correlación de la inteligencia emocional y los aspectos empresariales de la sociedad.

Modelo Boccardo Sasia y Fontenla: En este modelo se distingue la división de habilidades en cuanto a la pertenencia de la inteligencia emocional e interpersonal. Por ejemplo, las habilidades como el control, la motivación, el conocimiento de sí mismo pertenecen a la inteligencia emocional. Mientras que el reconocimiento de las habilidades de los demás pertenecen a la inteligencia interpersonal.

Modelo Matineaud y Engelhartn: Prevalecen los aspectos exógenos y la realidad externa del individuo. Este modelo vela por la autorrealización de la persona, primeriando el reconocimiento del "yo interior" y el poder del cambio en su autorregulación, asociada a cambios positivos.

Modelo de Rovila: En este modelo existe una clara división en dimensiones propuestas para la oportuna medición completa de la inteligencia emocional. Las doce dimensiones son: actitud positiva, reconocimiento de emociones propias, expresión abierta de las emociones, control de sentimientos, toma de decisiones acertadas, motivación, autoestima, generosidad, valores alternativos, adaptabilidad y equilibrio entre lo emocional y cognitivo.

En cuanto a los modelos, vale la pena resaltar la opinión de algunos autores que tienen una opinión crítica frente a este:

El modelo planteado se basa en aspectos, tanto internos como externos. Lo aspectos internos son características idiosincrásicas del individuo. Mientras que los aspectos exógenos o externos son comportamientos a partir de la adaptación o adopción del entorno. Cuando hablamos de entorno nos referimos a cualquier aspecto significativo derivado de otro individuo, empresa o situación. En este sentido, las características intrínsecas del ser humano, no necesariamente han de ser innatas sino que pueden ser adquiridas mediante el aprendizaje y/o conocimiento. De este modo, entre las características principales endógenas, tanto innatas como aprendidas, están la responsabilidad, el sentido común, la voluntad y la capacidad de aprender. (Mariano García y Sara Giménez, 2010)

De acuerdo a lo anterior, podemos tener claro que algunos modelos se basan en el aspecto de personalidad del individuo, teniendo en cuenta su forma social de acuerdo con la realidad externa en el que se encuentra involucrado, por otro lado, también se resalta las habilidades de desarrollo interno, cuyo origen está potenciado por una parte del cerebro. Existe una clara diferencia entre inteligencia emocional y cognitiva.

Test de inteligencia emocional

En el camino hacia el equilibrio emocional existen muchas herramientas para hallar las claves necesarias en el trayecto de la inteligencia emocional, así y manteniendo un continuo análisis de nosotros mismos. Encontrar interiormente nuestras debilidades, fortalezas y creencias; nos ayudará a mantener una sólida psiquis emocional, dispuesta a irradiar paz, tranquilidad y raciocinio que deseamos en nuestros días.

Para ello es necesario la pronta respuesta a cuestiones de la vida diaria, en donde podemos evaluar nuestros puntos débiles y fuertes. Tendremos la facultad de autoconocimiento emocional, autocontrol, automotivación, el reconocimiento de sentimientos ajenos y las relaciones interpersonales continuas.

Conviene hacernos este autoanálisis a través del siguiente test, así tendremos resultados que nos hará comprender cuál es nuestro nivel con base a la inteligencia emocional, descubrir esto nos ayudará a reformularnos actitudes que muchas veces no vemos frente a la sociedad.

En este test tenga en cuenta el valor de las opciones:

Opción A) = 1 punto

Opción B) = 2 puntos

Opción C) = 3 puntos

Recuerde que el test debe ser contestado con honestidad, de esta forma los resultados serán precisos y la solución cómoda de acuerdo al caso. Si no entiende la pregunta lea varias veces y analice las opciones:

**1)	En momentos de tristeza, ¿cuál es su actitud frente a la alimentación?**

    A) Come en exceso.

    B) Disminuye su ingesta de alimentos.

    C) Su alimentación es adecuada y normal.

2) Cuando va a realizar compras y tiene mucho dinero, ¿cuál es su actitud?

A)   Compra todo lo que observa de su agrado.

B)   Compra algunas cosas extras.

C)   Compra según lo presupuestado.

3) Si alguien le inspira algún sentimiento en particular, ¿usted que hace?

A)   Se reserva el sentimiento.

B)   Pocas veces demuestra sus sentimientos.

C)   Expresa abiertamente sus sentimientos.

4) Si está en una fila esperando, ¿se impacienta?

A)   Si, bastante.

B)   Más o menos.

C)   No, para nada.

5) Si comete algún error, ¿cómo se siente?

A) Indiferente.

B) Ansioso y luego se le pasa.

C) Su conciencia lo mortifica y debe hacer lo correcto.

6) Si alguien debate con usted sobre un tema en particular, ¿cuál es su actitud?

A) Defiende su punto de vista y no le importa la de los demás.

B) Guarda sus opiniones de los demás y reserva su comentario.

C) Escucha atentamente los puntos de vista y luego, intenta llegar a un acuerdo.

7) Cuándo está enojado, ¿Qué hace?

A) Te reprimes y ocultas el enojo.

B) Expresas tu molestia abiertamente y no te importa la de los demás.

C) Expresas tu molestia a solas, sin afectar a nadie.

8) ¿Tu estado de ánimo es inestable?

A) Si, bastante.

B) Más o menos, depende del exterior.

C) No, intenta mantener siempre una actitud firme.

9) ¿Cuál es tu actitud cuando algo te sale mal?

A) Culpas a otros por tus resultados.

B) Te culpabilizas a ti mismo.

C) Intenta mejorar y aprender de los errores.

10) Si alguien opina sobre algo que debas cambiar, ¿cuál es tu actitud?

A) Te pones a la defensiva y le llevas la contraria.

B) No le das importancia a las opiniones de los demás.

C) Agradeces su opinión y luego analizas si tiene razón.

11) Necesitas ayuda, ¿qué haces?

A) No te gusta pedir ayuda, prefieres solucionar tus propias cosas.

B) Le comentas a alguien tu situación con la intención de que él mismo ofrezca ayudarte.

C) Hablas con alguien cercano sobre el asunto y le pides que te ayude.

12) ¿Te gusta trabajar en equipo?

A) No, prefieres hacer las cosas por ti mismo.

B) Depende, si te caen bien o mal.

C) Si, participas activamente en el grupo y das tus opiniones.

13) Los problemas de los demás, ¿te afectan?

A) Si, demasiado.

B) No te afectan, te da completamente igual.

C) Depende de tu cercanía con esa persona.

14) ¿Te sientes solo(a)?

A) Demasiado.

B) A menudo.

C) Nunca.

15) Cuando te presentan a alguien, ¿cuál es tu actitud?

A) Lo ignoras y hablas con tu otro amigo.

B) Lo saludas, pero te da igual su vida.

C) Lo saludas amigablemente e intentas conocer a esa persona.

16) Si te hacen bromas pesadas, ¿cuál es tu actitud?

A) Respondes violentamente y te tomas lo que dicen personalmente.

B) Te ríes con ellos, aunque te sientas ofendido.

C) Expresas tu opinión sobre que no te gustan ese tipo de bromas.

17) Si tus compañeros de trabajo no te tienen en cuenta para un paseo, ¿cómo te sientes?

A) Mal, te sientes afligido y triste porque ellos no te estiman.

B) Sientes un odio y decides no hablarles más.

C) Normal, piensas que se les olvido y tal vez te lo pidan después.

18) Alguien habla mal sobre un compañero de trabajo o clase, ¿cuál es tu actitud?

A) También hablas mal de esa persona, creando chismes.

B) Le avisas a tu compañero que alguien habla injurias sobre su persona.

C) Ignoras los chismes y te centras en tus labores.

19) Alguien te pide disculpas, ¿qué haces?

A) Sigues discutiendo y no lo perdonas.

B) Lo personas pero hipócritamente.

C) Perdonas a esa persona y olvidas lo sucedido.

20) ¿Tus emociones te controlan?

A) No, para nada.

B) A veces.

C) Casi nunca, siempre intentas controlarlos.

Al contestar el test con la mayor honestidad posible, es hora de mostrar los resultados. Primero deberá sumar los puntos que valen las opciones en cada pregunta, el total de la sumatoria será los puntos totales del test. Según los resultados y de acuerdo al total de puntos se concluye lo siguiente:

20-35 puntos: Usted debe cambiar muchas actitudes para encontrar el equilibrio emocional. Es preciso sacar sentimientos ocultos y reprimidos que tanto daño le hacen al alma y corazón. Es fundamental intentar que la razón le gane a las emociones, realizar deportes y tener un pasatiempo lo ayudará a mantener sana su mente, incluso la meditación bajará un poco la ansiedad que suele mantener. También es importante crear lazos de fraternidad con sus semejantes y si es preciso buscar ayuda profesional cuando se encuentre en un estado profundo de depresión, así podrá aliviarlo de sus mayores penas.

36-40 puntos: Busca razones y motivos para hallar su parte positiva, está contra la pared, usted cree que las situaciones no pueden ser cambiadas, sin embargo, existe una luz de esperanza para transformar las circunstancias negativas en momentos de aprendizaje. Tiene miedo a cambiar e incluso ignora las cosas que le rodean. Pero, si autoanaliza ciertas actitudes, usted podrá recobrar el verdadero camino junto a la inteligencia emocional.

41-55 puntos: Está casi de lograr entrar de lleno a la inteligencia emocional, pero algo lo detiene, debe descubrir ese detalle escondido dentro de sí mismo. Para ello es primordial conocerse profundamente, así podrá hallar la raíz fundamental de sus cuestionamientos. Solamente le falta descubrir un peldaño para alcanzar su propia paz y tranquilidad.

56-59 puntos: Usted ha entendido lo que comprende la inteligencia emocional, sabe que nadie es perfecto, pero hace lo sumo posible por mantener un equilibrio y una neutralidad con sus emociones. Siga mejorando su inteligencia emocional, de esta forma cambiará su mundo y la de los demás.

60 puntos: Es importante aprender el valor de la honestidad y de qué forma es determinante para aceptar sus propios errores.

Diferencias entre inteligencia emocional y cognitiva

A medida que entramos en profundidad sobre la inteligencia emocional y todos los mecanismos que existen para encaminar nuestro trayecto a una notable armonía física e incluso espiritual, en donde la paz acompañe nuestra alma en la incertidumbre de la vida, transformando nuestras malas actitudes en un susurro primaveral de optimismo y constancia, del cual tal vez, podamos cambiar nuestra realidad junto a las personas que nos rodean. Es tan fácil leer e intentar actuar de cierta forma, sin embargo, los cambios se dan en momentos adecuados, cuya finalidad es impartir el equilibrio que necesitamos para tratar bien a nuestro prójimo, de mantener nuestra mente tranquila y sana, de rendir en cualquier aspecto de nuestras vidas tanto laboralmente y personalmente.

De allí nace las diferencias notables de la inteligencia emocional y cognitiva, aunque ambas se relacionan y complementan entre sí, existen razones para diferenciar la una de la otra.

Antes de comenzar por las diferencias, debemos repasar los conceptos de cada una. En primer lugar, la inteligencia emocional es un tema tratado desde hace muchos años, y algunos autores tienen un concepto práctico frente a esta inteligencia:

Una vez expuestas diferentes definiciones sobre el tema tratado, se entiende que la inteligencia emocional es una forma de interactuar con el mundo, que tiene en cuenta los sentimientos, y engloba habilidades tales como el control de los impulsos, la autoconciencia, la motivación, el entusiasmo, la perseverancia y/o la agilidad mental. Estas características configuran rasgos de carácter como la autodisciplina, la compasión o el altruismo, que resultan indispensables para una buena y creativa adaptación social. (Gómez E.t, 2000).

De lo anterior podemos inferir que la inteligencia emocional es la forma de concebir al mundo desde una perspectiva netamente emocional y sentimental, desarrollándose habilidades orientadas a las emociones internas del individuo, y que tienen la particularidad de influir en las decisiones de las personas. Para entender esta definición, lo ilustraremos con un ejemplo: imagine que usted es un destacado empresario, dueño de una empresa y, por lo tanto continuamente tiene reuniones importantes con proveedores, clientes y empleados. Llega un día en que usted amanece devastado y su cólera influye en su conducta, no quiere hablar con nadie y mucho menos escuchar cantaletas y problemas, se encierra ante la singularidad del mundo. Ingresa a su oficina y se encuentra con muchos trabajos por realizar, el estrés embriaga su alma, de pronto el teléfono suena y le avisan de unos clientes importantes. Por su mal humor no querrá atenderlos, ¿usted perdería un negocio por sus emociones?

Es allí en donde la inteligencia emocional influye en la vida de cualquier ciudadano con voluntad de cambiar totalmente su forma de percibir el mundo, teniendo control sobre los sentimientos y las malas disposiciones, si el individuo del ejemplo anterior toma las riendas de su cuerpo y emociones, su grado de profesionalismo aumentará indudablemente. Una cosa son nuestros problemas y otra es dejar que dichos negativos nos sigan hacia el lugar de trabajo.

Por otro lado, la inteligencia cognitiva se refiere a la destreza del raciocinio de la mente y las habilidades lógicas que ofrece, así como lo sugiere algunos críticos:

El pensamiento humano es el resultado de una serie compleja y abstracta de procesos, que van desde la captación de determinados estímulos, su interpretación, su almacenamiento en la memoria y su traducción a un sistema de valores y conceptos del cual posteriormente emergerá una respuesta. Se conoce como habilidades cognitivas o capacidades cognitivas a las aptitudes del ser humano relacionados con el procesamiento de la información, es decir, los que implican el uso de la memoria, la atención, la percepción, la creatividad y el pensamiento abstracto o analógico. (María Raffino, 2019)

Así, la razón juega un papel importante en las acciones del individuo y la respuesta frente a estímulos de su realidad externa. En esta se distingue algunas habilidades, entre ellas: la capacidad lingüística, la atención, la abstracción y la capacidad deductiva. De esta forma la comprensión y elaboración de pensamientos trasluce una polaridad en la parte cognitiva de la persona, explorando sus debilidades y fortalezas de acuerdo a un pensamiento coherente.

Por lo tanto, es hora de aclarar las diferencias entre estas inteligencias, sin embargo, con un simple ejemplo usted entenderá claramente una distinción entre las dos: Imagine el individuo X y el individuo Y, ambos estudiaron el bachillerato y la universidad, teniendo diferencias de carreras, el sujeto Y estudió administración de empresas y el sujeto X estudió administración de empresas más un doctorado en gestión pública, incluyendo un Magíster en finanzas. Por ende, el sujeto X tiene más ventaja por su alto coeficiente. Los dos se presentan a una entrevista para ocupar puestos diferentes. El sujeto Y tiene una excelente actitud y demuestra una inteligencia emocional elevada, mientras que el sujeto X demuestra preocupación y tiene una actitud déspota y poco afectiva e incluso antisocial.

Al finalizar la entrevista, el empleador escoge al sujeto Y como jefe del individuo X. ¿Qué sucedió? Pues, la inteligencia emocional prevaleció frente a la cognitiva, porque el sujeto Y demostró una empatía con el empleador, mientras que el individuo X fue introvertido. El empleador preferirá tener muy cerca a una persona con la que él piensa que se llevará muy bien, quedando en segundo lugar su preparación.

Es muy común para el ser humano dividirse en grupos, es allí en donde los gustos comunes juegan un papel importante, no es un secreto que en la mayoría de las entrevistas laborales eligen al que proyecta una actitud emprendedora, confiada y sobre todo optimista. Pero, sin duda la preparación influye en dicha elección.

Según el razonamiento anterior, queda claro que la inteligencia emocional está ligado notablemente con los aspectos sentimentales del individuo, en cuanto a la actitud que expresa en el mundo en que lo rodea, su forma de percibir y tomar el control de las situaciones, el desenvolvimiento emocional que tiene el individuo y su forma de tratar a los demás. Mientras que el razonamiento cognitivo hace referencia al conocimiento intelectual y sus acciones lógicas a través de un pensamiento coherente, desarrollando una acción completa.

Indudablemente el cerebro es la pieza fundamental en donde ambas inteligencias conviven, en la corteza delantera se encuentra el cerebro cognitivo y hacia abajo el emocional, en el sistema límbico.

¿Cómo desarrollar la inteligencia emocional?

En los años anteriores la inteligencia emocional era vista como una habilidad innata para pocos, una cualidad difícil de hallar. Personas capaces de conocer las emociones de las personas que las rodean e incluso el control del estrés.

Las recientes investigaciones han mostrado que además de la inteligencia emocional, también debe existir la cognitiva. Los mejores líderes se han caracterizado por su notable inteligencia emocional, conocen a fondo los sentimientos de los demás y reconocen la necesidad de las personas que los rodean. Además, siempre se había pensado que solo este tipo de inteligencia los hacía exitosos, sin embargo, algunos autores confirman el equilibrio que estos líderes empáticos debían tener:

A finales del siglo XX aparecieron varias investigaciones (culminadas en el bestseller Inteligencia Emocional) que presentaban la inteligencia emocional como el principal motor del éxito y satisfacción personal. Los estudios mostraban que los mejores líderes eran emocionalmente muy inteligentes. En resumen, la inteligencia emocional es importante pero no es la panacea. En ciertas situaciones puede ser muy útil, y en otras el cociente intelectual puro y duro (la capacidad de analizar y sacar conclusiones) puede ser más determinante. (Pau F. Navarro, 2015)

Es sin duda fundamental equilibrar la parte emocional y cognitiva, para poder hallar la clave y el secreto de los mejores. A continuación se muestran 5 pasos fundamentales para desarrollar la inteligencia emocional:

Paso 1: Detecta tus emociones

En la vida diaria las acciones de los demás se ven influenciada notablemente con el mundo exterior y cada vida que lo rodea. En nuestro trabajo, la influencia de compañeros y tareas es notable, puesto que las relaciones interpersonales y nuestro desempeño laboral se encuentra regido por el ambiente en que nos encontramos. Es allí en donde debemos detectar la emoción que sentimos en cada aspecto de nuestras vidas.

Podríamos preguntarnos: ¿Me siento bien en mi casa? ¿Disfruto el tiempo con mi familia? ¿Cómo actuó frente a los problemas? ¿Me afecta la opinión de los demás? ¿Cuál es el trato de mis compañeros? Estas preguntas son fundamentales para comprender en qué momento nuestro estado de ánimo puede cambiar abruptamente.

Es difícil desaparecer una emoción y más aún si es negativa, el mismo cuerpo desea expresarse de tal forma que irradia a través de las emociones sus incesantes sentimientos, es una necesidad innata de la razón para llegar a la tranquilidad. Desarrollar la detección de sus emociones en cada aspecto, lo hará encontrar la raíz de sus problemas, si en este caso la emoción es negativa, por lo tanto, si encuentra dicha respuesta podrá solucionar aquello que lo aqueja.

Paso 2: No juzgar tus emociones

A menudo muchas personas buscan la perfección, intentan todo lo posible para alcanzar la cúspide de una moral intachable, y precisamente esa actitud puede llevar al individuo a juzgar cada emoción negativa que presente en cualquier circunstancia.

Las emociones negativas pueden protegernos de algún peligro presente en nuestro alrededor. El miedo nos avisa a sobrevivir en situaciones incontrolables, nos saca de peligros inminentes para proteger la propia vida e incluso el equilibrio emocional y mental. El enojo es una sensación de molestia totalmente normal, a través de esta nos damos a respetar y explotamos cualquier sentimiento corroído. Asimismo, la tristeza nos ayuda a desahogar las penas por alguna situación concreta, es una forma de expresión normal para circunstancias dolorosas.

Muchas investigaciones formulan que a través de las emociones el cuerpo libera ciertas sustancias, de acuerdo a una sensación concreta en alguna situación del vivir diario.

Paso 3: Controla tus pensamientos

Un pensamiento puede cambiar una actitud, conocer a fondo nuestra personalidad nos llevará a enlazar las emociones con la mente. Es muy común escuchar excusas para las actitudes no sanas o violentas, la típica "así soy yo, y no me controlo", es muy usada por las personas que pierden la cabeza cuando su molestia es muy grande. En parte tienen razón, porque es difícil controlar una emoción y no es sano reprimir aquello. No obstante, pensar antes de actuar facilitará el control de alguna emoción negativa.

Puede realizar ejercicios corporales cuando se encuentre frente a una situación que considera negativa, por ejemplo, si siente que estallara de la ira, puede respirar profundo y pensar en que no le conviene mostrar esa actitud, también puede salir de la situación y dirigirse hacia otro lugar, con el fin de evitar una escena violenta e incluso puede usar la comunicación asertiva para manejar las situaciones nefastas.

Paso 4: Entender las actitudes de los demás

Es complicado intentar comprender y meternos en los zapatos de las personas, o más bien entender las actitudes de los demás, al menos que seas psicólogo. Para poder comprender a nuestros semejantes, debemos en primera instancia preguntarles el porqué de su reacción, encontrar las causas de aquella actitud nos ayudará a entender la situación y probablemente encontraremos alguna solución oportuna.

Por otro lado, también podríamos evitar a toda costa un conflicto dialogando de manera asertiva, pero manteniendo firme nuestras ideas y convicciones, lo importante es llegar a un consenso pacífico con dicha persona. Recordemos que nadie es perfecto y cada quien defiende sus creencias como puede, no es tan alejado de la realidad esta conducta humana.

Paso 5: Crea hábitos de aprendizaje

En este contexto, se estaría hablando de un aprendizaje de carácter emocional, es decir, si alguien quiere cambiar deberá leer todo acerca de la inteligencia emocional, aceptar sus errores, virtudes y habilidades. También manifestar habilidades sociales y ser empático con las personas que nos rodean. Convertir en algo práctico el aprendizaje adquirido para así tener una idea de cómo actuar en situaciones insospechadas de la mejor manera.

Por lo tanto, cultivar la inteligencia emocional y ponerlo en práctica será la clave para encontrar el camino ideal en el equilibrio emocional. Tan solo la voluntad podrá hacer el cambio oportuno para una vida mental y sentimental sana.

Los pasos anteriores son necesarios para una oportuna respuesta en cómo debemos desarrollar la inteligencia emocional, no siempre actuaremos de la mejor forma, ya que cada persona tiene una personalidad diferente, sin embargo, a veces es oportuno cambiar algún aspecto negativo, de las cuales nos puede hacer mucho daño, como mejorar la relación con la pareja, hijos, vecinos y demás personas cercanas. ¡Es hora de que renovemos nuestra vieja personalidad y usemos la inteligencia emocional!

Capítulo Tres:
Desarrollo de habilidades en la inteligencia emocional

A través de la historia, el ser humano ha manifestado cierta particularidad en su forma de ver la vida. Como un ser inteligente y emocional el hombre se diferencia de algunos animales en la naturaleza. En la antigüedad, el instinto salvaje tenía una fuerza incontrolable, a medida que el tiempo transcurrió para el ser humano, este encontró la ética, la moral y la leyes como un pilar inamovible para su supervivencia. Siempre alguien sobresalía de los enormes grupos como en la actualidad. ¿Qué tenían de diferentes estos líderes? Pues, sus actitudes emprendedoras y el poder que tenían para el convencimiento e incluso el control de enormes masas. No obstante, estos en toda la historia humana se han caracterizado por tener un secreto oculto, la inteligencia emocional.

Estos líderes han desarrollado habilidades innatas para una efectiva relación interpersonal, y esto tiene una relación clara con la parte laboral, familiar y social. En cuanto a la parte laboral, se ha observado bastante que en empresas del sector comercial prevalece la intención de convencer al cliente para que compre algún producto en particular, juegan con sus emociones y sentimientos, cuyo fin primordial es la adquisición de un bien. La satisfacción será por parte del trabajador, buenos ingresos y del cliente la satisfacción por satisfacer sus necesidades. Este tema de inteligencia emocional con el trabajo será profundizado en capítulos siguientes.

Además, muchas empresas de turismo también manejan la inteligencia emocional, la mayoría de los asesores mantienen una excelente actitud, saludan con una sonrisa e intentan conectar amigablemente con el cliente, aunque son inconscientes de que están usando inteligencia emocional, demuestran habilidades que involucran a esta misma. Por lo tanto, la mayoría de las organizaciones de carácter comercial instan a sus trabajadores a desarrollar habilidades sociales, vinculado con la inteligencia emocional. Porque a una buena prestación de servicios los ingresos aumentan considerablemente, es allí en donde la ley de que las personas prefieren pagar más solo por sentirse a gusto y apreciado.

Todo está ligado con la inteligencia emocional, la productividad aumenta cuando los trabajadores tienen una actitud equilibrada, los artistas llegan a la cúspide de sus pinturas, los compositores pueden inspirarse con una emoción y convertirla en algo mágico, los escritores inspirados con una emoción pueden crear obras magistrales y, así todas las profesiones están unidas notablemente con la parte emocional.

Por ejemplo, imagine que es un pintor famoso, desea innovar con alguna de sus pinturas, pero no tiene idea alguna de lo que piensa hacer. Los días transcurren y tiene una tristeza enorme, no tiene ganas de nada y la desdicha lo acompaña, si es sensato e inteligente puede aprovechar ese sentimiento negativo, transformándolo en su próxima obra de arte. Como el ejemplo anterior, sucede en la vida real, si escuchamos las entrevistas de algunos cantantes encontramos que estos tuvieron una inspiración esencial para alcanzar las notas de la canción y sin duda, terminan siendo un éxito, porque las personas tienden a sentir atracción por las cosas que comprenden sus emociones. Un ejemplo notable de eso es que la mayoría de las personas conectan sus sentimientos con algo tangible, comparten sus alegrías y tristezas con cierto tipo de bebidas y música. Por naturaleza el ser humano busca su propio placer, pero sin irnos en contravía con el tema principal que nos compete, usar la inteligencia emocional nos ayudará a no depender de factores externos para manejar y controlar las emociones.

Por otro lado, podemos encontrar creencias que respaldan el uso de inteligencia emocional, por ejemplo, la práctica de yoga puede ocasionar un equilibrio de la psiquis mental y emocional, el cuerpo encuentra cierta sintonía con la naturaleza y ayuda en cierta medida a mantener el cuerpo en la cálida rama de la paz.

Dichas habilidades son recurrentes en los líderes como explicamos anteriormente, todo líder refleja las cualidades de la inteligencia emocional, es práctico con las decisiones, escucha su grupo y sobre todo es empático, llegando a velar por los derechos de los demás. Así como lo sugieren algunos conocedores en el tema:

Las aptitudes para el liderazgo están en relación directa con las habilidades de la inteligencia emocional. Es mejor líder la persona que se controla a la hora de expresarse, que es capaz de motivar, que es empático. La inteligencia emocional y las habilidades que la estimulan son parte de las habilidades de liderazgo, por eso es tan importante trabajar en las herramientas que mejorarán tus aptitudes emocionales para convertirte en un líder inspirador, en un guía para tu equipo. (Business School, 2019)

En este capítulo abordaremos las habilidades de inteligencia emocional y cómo desarrollarlas para sacarle el mayor provecho posible, también explicaremos cuales son las cuatro habilidades de EQ, su definición y cómo mejorar el autoconocimiento, además exploraremos la conciencia social de autogestión y la gestión de relaciones, con el fin de priorizar las habilidades sociales.

¿Cómo desarrollar habilidades de inteligencia emocional?

Para desarrollar las habilidades de inteligencia emocional, debemos tener la voluntad de cambiar nuestras conductas negativas, ser capaces de comprender la importancia que conlleva tener una actitud equilibrada y positiva. Existen algunas técnicas para desarrollar dichas habilidades, de las cuales en las escuelas no son enseñadas.

Existen muchas habilidades prácticas que comúnmente las personas con inteligencia emocional logran, entre estas se encuentra la habilidad de contagiar energía positiva o alegría, escuchar a los demás y llegar a un consenso, tratar afectivamente a los allegados sin discriminación, manejar las emociones en circunstancias normales, y como completo algunos autores señalan otras habilidades:

Además, la inteligencia emocional también implica saber relacionarse con los demás, fundamentalmente a través de la empatía. Una persona inteligente desde el punto de vista emocional no solo será capaz de comprender los sentimientos de los demás y ponerse en su lugar sino que también podrá canalizar todas estas fuerzas de forma positiva. (Rosario Jiménez, 2019)

Por eso, antes de entrar de lleno con las habilidades de la inteligencia emocional; hemos enumerado algunos aspectos claves para aumentar y desarrollar nuestras habilidades de IE:

Clave 1: reflexiona sobre tus emociones

Cuando nos encontramos en situaciones adversas es común sentirnos muchas veces enojados, tristes e incluso melancólicos. Pero pocos pueden reflexionar sobre esa emoción y hallar la clave para controlar los impulsos. Hay que destacar que cada persona maneja sentimientos distintos, algunos se enojan por cualquier motivo, otros lloran por algún detalle, mientras que algunos ignoran completamente aquellos aspectos tan básicos. El nivel emocional nos puede llevar a reflexionar sobre nuestras emociones en cada momento de nuestras vidas.

Para aumentar las habilidades de inteligencia emocional debemos averiguar el porqué de la emoción y la raíz de su origen, así descubrirá qué puede cambiar.

Clave 2: Escuche a los demás

Esta parte es de suma importancia, ya que la comunicación es el pilar para relaciones interpersonales sanas. ¿Qué es la comunicación? La comunicación es la acción de intercambiar opiniones e información frente a un tema determinado. En esta existe un interlocutor e interceptor, de las cuales intercambian a través del diálogo un patrón de ideas. Por ende, saber escuchar es un factor importante para una excelente comunicación, así analizará los argumentos de los demás, sin caer en terquedad. La mayoría de los conflictos ocurren por no saber escuchar, así el conflicto crece cuando nos limitamos a tener en cuenta la parte negativa de las cosas, siempre hay que hacer una visualización general de las circunstancias, y si es el caso solucionar aquello.

Clave 3: Tenga conocimiento de sus debilidades y fortalezas

La forma de autoconocimiento es determinar qué debilidades tenemos y cuáles fortalezas nos hacen fuertes. Saber nuestras debilidades e incluso defectos nos llevará a entender el porqué de nuestras emociones o actitudes en determinadas situaciones de la vida diaria. Reconocer nuestras debilidades también nos ayudará a descubrir qué cosas debemos cambiar para mejorar la inteligencia emocional.

Asimismo, reconocer las fortalezas nos ayudará a mantener actitudes sanas y también a desarrollar el autoconocimiento de nosotros mismos en la realidad que nos rodea. Una forma de reconocer estos aspectos es como por ejemplo, escribir en un bloc de notas o en una hoja, una lista de nuestras fortalezas vistas por nosotros mismos, comparándolas con las fortalezas que otras personas observan en nosotros. De igual forma con las debilidades se hace el mismo procedimiento, se identifica los defectos o debilidades y aparte se realiza aspectos a mejorar.

De esta forma el individuo identificará en qué aspectos trabajará para desarrollar la inteligencia emocional. Los beneficios de conocerse así mismo aumentará en gran medida las habilidades.

Clave 4: Tener un pasatiempo

Para poder tener una vida saludable y equilibrada debemos practicar o tener un pasatiempo. Así como muchos psicólogos lo sugieren, si destinamos tiempo a por ejemplo, el ejercicio, a practicar un deporte, leer o tener afición, nos hará personas más felices, y por lo tanto, las emociones serán totalmente positivas.

Si queremos aumentar las habilidades de inteligencia emocional, una actividad nos hará desarrollar valores como la amistad, la paciencia, la empatía y la fraternidad. También nuestra mente estará involucrada en aspectos saludables y no en problemas o estrés laboral, es normal tener conflictos y problemas, porque la vida no es perfecta, sin embargo, mantener la mente enfocada en cosas valiosas nos hará desarrollar el autodominio y la empatía.

Clave 5: Medita

Cuando se encuentre en situaciones difíciles de manejar o de irritabilidad, respire profundo, piense en las soluciones y trate de no absorber odio en su corazón. El cuerpo agradece mucho la calma y la tranquilidad, el mismo organismo funciona bien, si nos encontramos equilibrados. De la misma forma, la práctica de posturas poderosas influencia mucho los estados de ánimo, es ahí en donde el cuerpo al mantenerse en posturas incómodas, tiende a expresar sentimientos de fastidio.

Muchas veces para las personas que usan transporte público, la incomodidad por ir parados en todo el trayecto puede causar estrés, también el ruido del motor e incluso mantener la misma postura por muchas horas, puede desencadenar un estado de estrés momentáneo. Si medita la paz llegará a su vida, provocando un estado de tranquilidad absoluta, tanto que esas pequeñas cosas no lo molestaran.

Clave 6: Duerma bien

Dormir bien es una de las claves más importantes. El sueño es la forma que el cerebro utiliza para descansar y descargarse del vivir diario. Es un mecanismo indispensable para el equilibrio del cuerpo, si esto se desestabiliza, entonces no habrá nada que se pueda hacer con las emociones. Cuando no se duerme bien, el propio cuerpo no funciona de la mejor forma, el cansancio puede llegar de tal forma que el interés y la concentración se pierda. En ese estado el mal humor se adueña de todas las emociones.

Por eso, debemos intentar dormir las 8 horas como lo sugieren los médicos. No se desvele injustificadamente, pero si es un trabajo nocturno, entonces el día será provechoso para descansar, en ese caso el uso de tapones para los oídos es factible para dormir en el día. Lo importante del caso es descansar las horas debidas.

Clave 7: Aprende a amar

El amor es uno de los sentimientos más profundos de la vida, es una sensación de velar por el bienestar y la vida de una persona. ¿Por qué el amor es importante? Porque el propio amor nos puede llevar a tener la voluntad necesaria para cambiar. También desarrollar el amor hacia el prójimo es importante, esto resultará en entender y ayudar a nuestros semejantes. El amor puede motivarnos a cuidar cada aspecto de nuestras vidas, incluso nuestra integridad mental, física y emocional.

Si desarrollamos oportunamente el valor del amor, al mismo tiempo aumentará nuestra inteligencia emocional. El deseo por ser mejor persona a través de un sentimiento tan puro como el amor, revaluara la forma de tratar a los demás.

Clave 8: No juzgue a los demás

La clave para hallar la razón de nuestra existencia es absolutamente respetar la forma de ser de los demás, nadie es perfecto y mucho menos "oro" para caerle bien a todo el mundo, no juzgar a las demás personas nos hará formar una empatía positiva, ya que no existe algún obstáculo para socializar con toda clase de personas. Según una investigación en el año de 2012, las personas más felices son las que respetan y no discriminan a los demás. Cuando alguien comienza a criticar a otros, es sencillamente porque esa persona tiene una infelicidad, por ende, intentan opacar la luz de otros.

El respeto es un factor importante para aceptar la diversidad de la vida, y así el prejuicio desaparece junto a los malos pensamientos y las críticas, esto transformándose en relaciones interpersonales positivas. La mejor forma de incrementar la inteligencia emocional es el auto respeto y el respeto hacia los demás.

Clave 9: Aprende a controlar las emociones

Cuando una persona nos trata de forma injusta, es común que nuestro enojo se manifieste. En estos casos hay quienes pierden el control total. Es peligroso dejarse controlar por este tipo de emociones, puesto que podemos cometer un error fatal. ¿Cómo controlarse?

En primer lugar, analizar la situación podrá calmar esa sensación, pensar con la cabeza fresca en aquella circunstancia averna y como resultado aparecerá la solución adecuada. En segundo lugar, se puede dialogar de manera asertiva con la persona, llegando incluso a un acuerdo y también al desahogo de las emociones negativas, de esta forma conocerá a fondo el porqué de las actitudes contra su persona, resultando en una cálida conversación beneficiosa.

Por último, aprender a olvidar es la clave para encontrar la tranquilidad, si olvidamos las vivencias negativas, aprenderemos a eliminar el rencor y la ira. No es tan solo olvidar, sino más bien, aprender a perdonar los errores de los demás.

Clave 10: Nunca rendirse

Muchas veces la ansiedad juega un papel crucial en nuestras decisiones, tenemos la necesidad de un cambio, pero muchas veces lo vemos imposible, intentamos todo lo posible para inculcar la inteligencia emocional que olvidamos mantener la fe frente a los fracasos. En ocasiones las personas creen improbable cambiar, y se vuelven algo tercas a situaciones nuevas, piensan que nadie podrá transformar sus actitudes porque nacieron así. No obstante, todos podemos moldear nuestra personalidad para llegar a la cúspide de la inteligencia emocional.

La convicción nos llevará a alcanzar nuestras metas, escribir los rasgos a cambiar es un paso fundamental para alcanzar los aspectos necesarios de mejora. Seguir a pesar de las caídas y no detenernos en el camino de la inteligencia emocional, resultará beneficioso para nuestra vida. ¡Nunca se rinda, aunque caiga!

Ahora que vimos las 10 claves para aumentar nuestra inteligencia emocional, es hora de explicar las habilidades fundamentales, entre estas podemos encontrar las siguientes:

Capacidad de automotivación

Las emociones juegan un papel crucial en nuestras decisiones, y es que un oportuno desarrollo de la automotivación, nos podrá ayudar a concentrarnos en lo que realmente importa. Los resultados serán la puesta de objetivos específicos, sin caer en la desmotivación. Si queremos nuestro propio bienestar, haremos todo lo posible para transformar nuestras debilidades en fortalezas, o si tenemos amor propio encontraremos el camino hacia el éxito emocional y duradero.

Empatía

Como explicamos anteriormente, la empatía es la aceptación de las diferencias, cada persona es única, cree y observa la vida de forma distinta. Ponernos en los zapatos del otro hará cultivar esta cualidad.

Autoconciencia emocional

Esta virtud es imprescindible para dominar la inteligencia emocional, el reconocimiento de las emociones y de la personalidad, es una clara muestra de madurez, puesto que si nos conocemos a nosotros mismos, podemos evitar situaciones impropias. Muchos analistas afirman sobre este hecho:

Conocer cómo te sientes en todo momento, es imprescindible. Nos referimos a reconocer la emoción en el momento en el que aparece, en el mismo momento que está sucediendo. Conociendo nuestros sentimientos reales y actuales, seremos capaces de tomar decisiones más acertadas, y por lo tanto, actuaremos en consecuencia. De este modo, tendremos un control mayor sobre nuestras vidas y dirigiremos más positivamente nuestro camino. (Jaume Guilera, 2016)

Control de impulsos

Así como explicamos en la clave 9, saber controlar nuestros impulsos es sin duda una habilidad de la inteligencia emocional, sin embargo, vale la pena complementarlo con la opinión de algunos analistas:

Cuando somos conscientes de qué nos está pasando en este momento, necesitamos saber gestionarlo. Si mi madre me despierta y eso me enfada, tengo que intentar gestionar este enfado de una forma adaptativa; controlando mis impulsos de saltar, chillar o hasta insultar.

Controlar nuestras reacciones emocionales, nos permitirá controlar nuestras conductas, nuestra impulsividad. (Jaume Guilera)

Comunicación asertiva

Esta parte es de suma importancia, ya que con una excelente comunicación se puede solucionar cualquier problema personal. Por ejemplo, una mujer que tuvo un problema con un compañero de trabajo porque este le derramó el café en la camisa, la mujer solamente grita y no quiere escuchar explicaciones, el sujeto también le responde de la misma forma. Así que ambos mantienen la misma actitud agresiva. Si uno de ellos cambia su forma de actuar e intenta intuitivamente tranquilizar a su compañero, sin duda resultará en una solución oportuna, una simple disculpa ayudará a bajar el descontento. El ego es un factor importante en las decisiones, por eso hay que saberlo manejar.

La comunicación asertiva es una integración de la buena forma de expresión, sin caer en agresividad ni en comunicación pasiva. La opinión con respeto es la llave primordial para la buenas relaciones.

Los cuatro pilares de la inteligencia emocional

Para ahondar directamente en los cuatro pilares de la inteligencia emocional, debemos entender las habilidades mencionadas anteriormente, siendo esto factible; es hora de descubrir los pilares o bases fundamentales de la inteligencia emocional. Debemos tener en cuenta la singularidad relación de emoción e intelecto, así como lo afirma algunos investigadores de la rama:

Existen dos armas poderosas del liderazgo: la mente y el corazón. El poder que te da la mente, o la inteligencia de un líder (también denominado el coeficiente intelectual o IQ) es la capacidad de análisis y estrategia. El poder del corazón (llamado inteligencia emocional o EQ) es la capacidad de conectar con otros seres humanos e influir en ellos. (Víctor Manzanilla, 2019)

Los cuatro pilares de la inteligencia emocional son los siguientes:

Autoconciencia

Es la forma en cómo nos vemos y sentimos en esta realidad. Entre más puntos ciegos percibamos, aumenta considerablemente la autoconciencia. En pocas palabras aplica la necesidad de aceptar y reconocer los aspectos más complejos de la personalidad, sin entrar en la terquedad ingenua y ciega, es decir, la sola aceptación del ser, es sin duda la máxima expresión de la conciencia propia. De la misma forma muchos investigadores afirman este concepto:

El primer pilar que necesitamos desarrollar para construir nuestra inteligencia emocional es la autoconsciencia: es lograr un ambiente abierto al feedback y la retroalimentación, es estar siempre atento a escuchar cómo otros están percibiendo tu liderazgo y tus intenciones, es buscar con intensidad convertirte en una persona con integridad: donde no exista diferencia entre lo que dices que eres, y lo que realmente eres. (Víctor Manzanilla, 2018)

Según las palabras anteriores de Manzanilla, se puede inferir que las personas que nos rodean pueden darnos opiniones acerca de nuestras actitudes y el liderazgo que tenemos en el ambiente laboral. En cuanto al feedback o también llamado retroalimentación, es el mecanismo para intercambiar ideas de manera saludable.

Auto-gerencia en la inteligencia emocional

La auto gerencia es la capacidad de controlar nuestras emociones, así como lo explicamos en los anteriores temas, el control emocional hace parte de la gerencia del mismo. Esta se divide en varias:

Autocontrol emocional: Nadie desea estar cerca a personas que explotan por cualquier circunstancia. Los líderes entienden perfectamente que actuar frente a una situación es precisamente tomar decisiones de forma acertada, más no como quisieran. Para entender esto podemos ilustrarlo con un ejemplo: un individuo es dueño de una empresa, su contador se acerca a él para avisarle de los problemas financieros que la compañía tiene, si aquel dueño no usara el control emocional, sería capaz de eludir y atacar violentamente al contador por las malas noticias, no obstante, si el líder usa la inteligencia emocional, considerará analizar la situación y tomar la decisión correcta junto a su contador. Por el contrario, si el dueño de la empresa fuese tomado la primera actitud, indudablemente el contador fuese renunciado a su puesto, como resultado el individuo se quedaría solo y abandonado financieramente.

Adaptabilidad: Es la flexibilidad a las situaciones cambiantes, en donde se puede sacar el mayor provecho. En este caso, todo líder debe tener la facultad de adaptarse a los cambios repentinos del ambiente, incluyendo a las personas.

Orientación al objetivo: El líder no solamente debe estancarse en entender a las demás personas, sino en lograr sus objetivos y metas de forma estratégica. Para ello existen tantas herramientas que la inteligencia emocional nos brinda. Un líder siempre buscará el éxito para sí mismo y para su equipo de trabajo.

Optimismo: La voluntad se refuerza junto a la ilusión de llegar al éxito, mantener una actitud optimista y positiva a través de las acciones hará que se desarrolle de manera oportuna sus ideas. Creer en el trabajo de los demás y confiar en sus decisiones abrirá un gran panorama.

Conciencia social en la inteligencia emocional

Existen muchas definiciones que tratan de explicar lo que es realmente la conciencia social, encontramos definiciones como que es un concepto psicológico y filósofo, en el primero la conciencia social trata de explicar cómo la razón psicológica del individuo frente a las situaciones de las demás personas puede ayudar a mejorar las actitudes, mientras que el segundo lo cataloga propiamente como la fuente del conocimiento.

Por otro lado, la conciencia es la capacidad de razonar frente a los estímulos de la realidad externa. De esta forma la conciencia social es la manera de relacionarnos con el exterior, de acuerdo a los parámetros culturales de una determinada región. Definitivamente este tipo de conciencia está involucrada con las relaciones personales de los individuos, y el reconocimiento de las situaciones buenas o malas que le suceden a los demás, por ejemplo, reflexionar sobre la pobreza del mundo, sentir tristeza cuando observamos una injusticia y demás hechos de carácter volátil.

Pero veamos una definición de algunos autores importantes de acuerdo con la conciencia:

La conciencia puede ser entendida como aquella capacidad de razonar, en la cual podemos interpretar los estímulos y sensaciones externas e incluso internas (es decir, estados mentales). La conciencia de sí, es decir, el reconocerse como una entidad racional distinta a lo que lo rodea, es una de las principales diferencias con el resto de los seres vivos. (María Ruffino, 2019)

Además, la misma autora añade una afirmación importante sobre la conciencia social: "En este sentido, la conciencia social se manifiesta bajo la cristalización de la condición de clase y se expresa en el arte, la filosofía, la religión y muchas otras expresiones culturales, todas expresiones de una condición mayor: la ideología". Por este motivo, la parte ideológica es un peñasco para quien desarrolla habilidades de inteligencia emocional, porque la ética y la moralidad nos hace reflexionar sobre los aspectos propios de la vida: el amor, el trabajo, las relaciones personales y la vida familiar. La conciencia social se divide en dos puntos importantes: la empatía y la conciencia organizacional, indaguemos sobre la segunda.

Conciencia organizacional: Un líder debe comprender la organización y cómo esta se entrelaza con los resultados. Para entender esta conciencia, lo ilustraremos con un simple ejemplo:

Imagine que es el encargado de administrar un supermercado, y que tiene a su disposición cajeras que se dedican a atender a los clientes, a panaderos cuyo trabajo es velar porque siempre se encuentre panes, al tesorero que se encarga de llevar las cuentas correctas, también al locutor que tiene la tarea de informar acerca de los descuentos y las ofertas del lugar, y al vigilante que se encarga de mantener seguro el supermercado. Cada uno cumple una función diferente, cuyo resultados y objetivos son mantener el supermercado en las mejores condiciones posibles.

Con el ejemplo anterior, se puede entender que la conciencia organizacional es precisamente la capacidad que tiene el líder para comprender que el trabajo de todos creará una recompensa.

Gerencia de relaciones en la inteligencia emocional

Esto tiene una conexión directa con el marketing y las tecnologías de gestión de relaciones con los clientes. Una prueba de esto es la explicación que podemos encontrar por parte de algunos expertos:

La CRM (Gestión de relaciones con los clientes) es un término de la industria de la información que se aplica a metodologías, software y, en general, a las capacidades de Internet que ayudan a una empresa a gestionar las relaciones con sus clientes de una manera organizada. Por ejemplo, una empresa podría crear una base de datos de clientes que describiese las relaciones con suficiente detalle para que la dirección, los agentes de ventas, las trabajadores de servicio y, tal vez, los clientes, puedan acceder directamente a dicha información, responder a las necesidades de los clientes con planes de productos y ofertas, recordar a los clientes distintas necesidades de servicio, saber qué otros productos ha adquirido un cliente, y así sucesivamente. (Margaret Rouse, 2006)

Sin embargo, en la inteligencia emocional se recoge de forma acertada la gestión o gerencia de relaciones como la práctica del individuo de sus conocimientos sociales en un entorno determinado, cuya finalidad es la obtención de beneficios positivos en los proyectos. En este tipo de gerencia se dividen varias habilidades como las siguientes:

Influencia: Esta se refiere a la capacidad que tiene el individuo para impactar a través de su punto de vista en una determinada intervención o reunión, es un don innato de los líderes. En la actualidad este efecto resulta bastante interesante, ya que podemos encontrar en las redes sociales personas que con sus vídeos consiguen el mayor protagonismo posible, los demás siguen sus ideologías y hacen crecer su entorno, así la influencia de la información crece desmedidamente hacia los demás.

Esto es una clara muestra del poder de convencimiento que tienen muchos, sin embargo, para encontrar ese poder o más bien habilidad, es indispensable usar la parte cognitiva, ambas inteligencias (cmocional y cognitiva) unidas, desarrollan una influencia hacia las personas que buscan seguir una idea e incluso una ideología. Ser diferente e innovar con propuestas inteligentes de seguro hará que los demás decidan seguirlo.

Mentor: Es la capacidad de ayudar a los demás a encontrar sus destrezas y habilidades, ayudando al equipo a crecer, formando nuevos líderes. Es igual a invertir el tiempo en mejorar las habilidades de los demás, hasta el punto de llegar al mismo nivel. Algunas empresas canadienses manejan este tipo de línea, un líder aparece en un campo inhóspito y nuevo, se desarrolla en aquello y se adapta al mercado, busca personas que desean aprender y les enseña, los faculta con herramientas, y así forma un equipo que constantemente se retroalimenta, todos crecen juntos, como resultado se van creando nuevos líderes y simultáneamente crece el número de integrantes al equipo, obteniendo el éxito.

Como mentor el líder debe manejar cualquier situación, ya sea positiva o negativa, y enseñar lo sumo posible a su equipo para alcanzar el anhelado éxito. Hay que te tener en cuenta la relación de cada aspecto con la inteligencia emocional, todo está ligado con el perfeccionamiento del "ser emocional".

Manejo de conflictos: Un gran líder debe saber manejar las situaciones, confrontar problemas cotidianos como los chismes, los conflictos personales, las malas actitudes y las acciones ilegales, son el pan de cada día para algunas empresas. Sin embargo, el buen manejo de los conflictos ayudará al líder a imponer su autoridad y orden. Si no existe la organización y las normas, todos harían lo que les plazca.

Trabajar en equipo: Este aspecto hace parte de la conciencia organizacional como lo estuvimos viendo anteriormente, no obstante, un líder debe ser un mediador entre los miembros del equipo, ser un puente para alcanzar un determinado logro e incluso supervisar que todos estén haciendo su trabajo y si existe falencias lograr apoyar en gran medida a quien lo necesite. El líder debe tomar las riendas de la organización para así mantener saludable el ambiente laboral.

Recordemos que para trabajar en equipo debemos: escuchar opiniones, llegar a un acuerdo, tener una comunicación asertiva, respetar las opiniones, no menospreciar las ideas, tomar el control y sobre todo manifestar inteligencia emocional.

Inspiración: Todo individuo con habilidades de liderazgo debe impregnar de energía positiva a las demás personas, ser una inspiración al cambio, dar aliento en momentos de infortunio y crear un ambiente de transformación. Estas habilidades son una pieza clave para el desarrollo de las fortalezas tanto personales como generales. Los buenos resultados inspiran a los demás a seguir por el mismo camino de quien las obtiene. Por naturaleza la humanidad necesita un líder que sea abierto a sus necesidades, la mayoría busca seguir a alguien con pensamientos comunes o afines. Los emprendedores se relacionan con personas interesadas en emprender y así sucesivamente. Un líder llena de energía y ganas de hacer un sueño realidad a las demás personas.

Como vimos la inteligencia emocional está entrelazado con muchos aspectos de la vida, ya sea empresariales, familiares y personales. Las emociones están en todas partes, por eso hay que aprender a usarlas de la mejor forma posible.

¿Cómo desarrollar la inteligencia emocional en niños?

El ejemplo debe venir de los adultos, un padre saludable emocionalmente hará que su hijo inculca lo mismo. Los niños tienden a imitar lo que los rodea. Por ello si desarrolla las habilidades mencionadas anteriormente como la autoconciencia, la autorregulación, la motivación, la empatía y las habilidades sociales, hará que su hijo crezca con la inteligencia emocional de la mano.

Además, existen algunos juegos de las cuales los niños pueden aprender, por ejemplo, hacer etiquetas con nombres de emociones y los niños puedan hacer gestos o tratar de explicar las emociones a través de sus expresiones faciales, eso hará que entiendan lo que son los sentimientos y su gestión para usarlas en determinados momentos. ¡Innovar con juegos de aprendizaje en los niños, es la mejor manera de enseñarles sobre inteligencia emocional!

Capítulo Cuatro:
La inteligencia emocional en el trabajo

En los capítulos anteriores habíamos visto un pequeño destello acerca de la inteligencia emocional en el trabajo. En este capítulo abordaremos profundamente la relación que guarda este tipo de inteligencia con la parte laboral del individuo, descubriremos que hace diferente a los trabajadores, cuya actitud es totalmente saludable, también el éxito de los mejores líderes en su entorno laboral y cómo esto los ha hecho crecer en todos los aspectos de la vida. Asimismo, exploraremos el uso de la inteligencia emocional para los empleadores, de las cuales desean contratar a personas productivas y capaces, además debatiremos acerca de la importancia que tiene la inteligencia cognitiva y emocional en las empresas y cuál es la más importante.

El ser humano comienza su vida siendo un bebé, a medida que pasa el tiempo se desarrolla y crece; entre los cuatro a once años aquel infante absorbe todo el conocimiento posible, va adquiriendo una personalidad de acuerdo a factores externos y a su propia educación. Llega a la adolescencia y los cambios hormonales comienzan a desarrollar la verdadera personalidad que usará en la adultez, cultivando emociones y determinados temperamentos para las situaciones del día a día. Con la llegada de la juventud la mente se encuentra en el proceso de la madurez, ya aquel individuo tiene muchas habilidades desarrolladas y sabe lo que quiere para su vida. Sin embargo, la inmadurez puede jugarle momentos de inestabilidad emocional, en ese lapso de tiempo la experimentación y la curiosidad por muchos aspectos de la vida crece considerablemente.

Aquel individuo comienza su vida académica en primaria, luego en la secundaria y por último, en la educación superior o universitaria. En los tres niveles, por decirlo de alguna forma, desarrolla habilidades de socialización y cognitivos. Esta fase de la vida para cualquier persona es fundamental, porque es el puente para llegar hacia un futuro prometedor, de la mano con el conocimiento y las habilidades adquiridas en el proceso.

Tanto la inteligencia emocional y cognitiva se encuentran ligados notablemente con el desarrollo normal de cualquier persona, así como opinan muchos estudiosos de esta rama:

El ser humano ha desarrollado unas capacidades cognitivas, lingüísticas y sociales que no tienen parangón en el reino animal, ni siquiera entre sus parientes más próximos, los primates. Estas singulares capacidades le han permitido crear y transmitir la cultura, desde las primitivas herramientas de piedra hasta llegar a las ciencias, tecnologías, humanidades y artes, en la actualidad. El ser humano dispone de unas capacidades mentales que le permiten interpretar y predecir la conducta de los otros. Gracias a estas capacidades las personas nos comunicamos e interaccionamos, producimos y transmitimos la cultura. A su vez, las conquistas culturales, artefactos, símbolos y tradiciones, constituyen el entorno natural para el desarrollo de cada persona. (Emilio García, 2010)

Con esto se demuestra oportunamente que el ser humano es un ser bastante complejo, y que sin duda, posee tres cuerpos fundamentales que encierra lo que es el "ser consciente", una parte mental (cognitiva), otra porción emocional y, por último, la parte de la personalidad. Las tres forman la esencia de los seres humanos en una realidad física y dimensional, cuya interacción fluyen a tal punto de llegar al equilibrio, si cualquiera de los cuerpos sufre, las demás también lo harán. En este contexto, la palabra "cuerpo", lo estamos usando desde un punto metafórico, para referirnos a los grandes rasgos del propio ser. Tanto es la relación de la inteligencia emocional y cognitiva dentro del cerebro, que expertos afirman de la intermediación que realiza nuestras herramientas de pensamientos:

El cerebro humano ha evolucionado para educar y ser educado. Los aprendizajes y enseñanzas, la transmisión cultural y la educación son naturales en el hombre. El cerebro es la conquista evolutiva que hace posibles los diversos tipos de aprendizajes, desde la habituación y sensibilización hasta los procesos cognitivos más superiores, pasando por condicionamiento clásico, aprendizaje operante, imitación, lenguaje. Y también el cerebro es la estructura natural que pone límites a los aprendizajes, determinando lo que se puede aprender, en qué momentos y con qué rapidez. Explicar y comprender los procesos cerebrales que están a la base de los aprendizajes y memorias, emociones y sentimientos, podría transformar las estrategias pedagógicas, y generar programas adecuados a las características de las personas y sus necesidades especiales. (Emilio García, 2019)

¿Por qué es importante saber esto? Sencillamente porque la inteligencia emocional se relaciona con nuestra capacidad de razonar y de aceptarnos como individuos en una sociedad que impone sus leyes, normas y éticas, cuya vida está influenciada por las acciones de las demás personas que conviven en el lugar, asimismo la esencia del ser humano como un ser sociable, se encamina a comprender y a entender los aspectos sociales, biológicos, naturales y científicos.

Continuando con el desarrollo del hombre a un nivel superior, al terminar la secundaria lo embargan tantas dudas para elegir la opción correcta; ¿se guiará por la emoción, la pasión o la opinión de los demás? En pocas palabras, desde el principio el ser humano ha necesitado la inteligencia emocional para tomar las mejores decisiones. Al elegir una carrera y terminarla, la vida laboral se vuelve una realidad... Este es el punto más importante en la vida de una persona, porque la economía se ve afectada con un puesto de trabajo.

Por ese motivo estuvimos explicando e introduciendo lentamente el comienzo del desarrollo humano, porque este se encuentra ligado con el futuro laboral. La vida de trabajo es el último nivel que llega un individuo, desde allí se desencadena su verdadera misión, servir o ser servido, es decir, trabajar para otro o trabajar para sí mismo. El contraste entre empleador y el empleado es una jerarquía común en todas las empresas capitalistas, de allí nace los siguientes temas que estaremos abordando más adelante, y así como lo expresan algunos expertos sobre la importancia de la inteligencia emocional en el trabajo:

La Inteligencia Emocional en el trabajo juega un rol determinante en todos los niveles de la cadena de mando. Si se toman en cuenta las fases diseñadas para comprender el complejo concepto de este tipo de inteligencia, fácilmente se puede asociar con el Liderazgo dentro de las empresas, donde es indispensable una interacción social eficiente para lograr el máximo desempeño de un equipo. Un líder que posea una inteligencia emocional reducida o poco notable, carecerá de la habilidad para gestionar, motivar y dirigir a los miembros de su equipo de trabajo. No podrá verlos como seres humanos que funcionan con base en emociones, sino que, al contrario, los verá como grises peones en un tablero de ajedrez, que funcionan siempre de la misma manera, pase lo que pase, y probablemente su respuesta automática será el enojo y la ira en contra de los empleados y por supuesto, los malos resultados para la organización. (Agustín Bravo, 2019)

Lo anterior fue una introducción acerca del propósito de este capítulo con base en las emociones del entorno laboral. Ahora explicaremos la inteligencia emocional en las dos vertientes, tanto para los empleados y empleadores, esto ayudará a entender cómo manejar una actitud orientada al éxito en el trabajo y la importancia de esta misma con la inteligencia emocional.

Inteligencia emocional: ¿cómo afecta a los empleados?

Con la llegada de las nuevas tecnologías y con el auge de los contenidos virtuales, los empleados deben estar en constante cambio y adaptación con el crecimiento tecnológico. Antes existían puestos laborales básicos, por ejemplo, una empresa estaba regida por un jefe, un grupo de directivos, un departamento financiero, administrativo y de producción de mano obra. Ahora existe todo eso, más un departamento de marketing y publicidad, y no solo eso, las redes sociales han marcado un antes y después en la productividad de la mayoría de las empresas comerciales. Consolidándose el uso de las tecnologías con la producción, actualmente si las empresas comerciales no manejan un eficiente servicio al cliente o una publicidad mediocre, las ventas se pueden ver afectadas notablemente. Por eso, las compañías prefieren empleados con una buena actitud de servicio, prácticamente a las personas positivas y que usan la inteligencia emocional son elegidas para buenos puestos en una compañía.

Por otro lado, existe una publicación por parte del World Economic Forum, en donde hace un contraste de las habilidades demandadas hace cinco años en comparación con la venidera.

Habilidades laborales en 2015:

1) Solución de problemas complejos.

2) Coordinación con otros.

3) Gestión de personal.

4) Pensamiento crítico.

5)   Negociación.

6)   Control de calidad.

7)   Servicio de orientación.

8)   Toma de decisiones.

9)   Escucha activa.

10)   Creatividad.

Habilidades laborales en 2020:

1)   Solución de problemas complejos.

2)   Pensamiento crítico.

3)   Creatividad.

4)   Gestión de personal.

5)   Trabajo en equipo.

6)   Inteligencia emocional.

7)   Toma de decisiones.

8)   Servicio de orientación.

9)   Negociación.

10)   Flexibilidad cognitiva.

Lo anterior, denota que en los últimos cinco años ha cambiado la forma en cómo se estaba manejando las habilidades de carácter laboral. Según observamos la inteligencia emocional y la flexibilidad cognitiva tomaron un puesto importante en la actualidad. Siguiendo este patrón, vale la pena tener en cuenta la opinión de algunos expertos con los cambios graduales de las habilidades corporativas con base hacia el futuro:

La creatividad se convertirá en una de las tres habilidades principales que necesitarán los trabajadores. Con la avalancha de nuevos productos, nuevas tecnologías y nuevas formas de trabajo, los trabajadores tendrán que ser más creativos para beneficiarse de estos cambios. Los robots pueden ayudarnos a llegar a donde queremos ser más rápidos, pero no pueden ser tan creativos como los humanos.

Mientras que la negociación y la flexibilidad ocupan un lugar destacado en la lista de habilidades para 2015, en 2020 comenzarán a caer de las 10 principales a medida que las máquinas, que utilizan grandes cantidades de datos, comiencen a tomar nuestras decisiones por nosotros. Una encuesta realizada por el Consejo de la Agenda Global del Foro Económico Mundial sobre el Futuro del Software y la Sociedad muestra que las personas esperan que las máquinas de inteligencia artificial formen parte de la junta directiva de una compañía para 2026. (Alex Gray, 2016)

También, el mismo autor confirma la reivindicación de la industria frente un mundo globalizado y tecnológico:

La naturaleza del cambio dependerá mucho de la industria misma. Los medios globales y el entretenimiento, por ejemplo, ya han visto un gran cambio en los últimos cinco años. Sin embargo, el sector de servicios financieros y de inversión aún no se ha transformado radicalmente. Aquellos que trabajan en ventas y fabricación necesitarán nuevas habilidades, como la alfabetización tecnológica.

Algunos avances están por delante de otros. Internet móvil y la tecnología en la nube ya están afectando la forma en que trabajamos. La inteligencia artificial, la impresión 3D y los materiales avanzados aún se encuentran en sus primeras etapas de uso, pero el ritmo de cambio será rápido. El cambio no nos esperará: los líderes empresariales, los educadores y los gobiernos deben ser proactivos en la capacitación y capacitación de las personas para que todos puedan beneficiarse de la Cuarta Revolución Industrial. (Alex Gray, 2019)

Por ello, el empleador que mira a largo plazo su futuro debe acoplarse con el desarrollo de la inteligencia emocional en todos los ámbitos, como hemos aprendido en capítulos anteriores, debemos trabajar el ser y el hacer, de tal forma que podamos llegar a ser los mejores en nuestros puestos laborales, si somos capaces de cambiar, los demás nos verán como una inspiración.

10 consejos para mejorar la inteligencia emocional en el trabajo

A continuación se muestran algunos consejos para los empleados, de esta forma los trabajadores comprenderán la importancia de cultivar una eficiente actitud positiva y una inteligencia emocional elevada.

Consejo 1: Ejercita tu cuerpo

La buena alimentación y el ejercicio matutino ayuda notablemente a la hora de tomar decisiones, si tenemos tranquilidad y paz podemos desarrollarnos en cualquier actividad designada e incluso dar el 100% en los deberes estipulados. Si el cuerpo se encuentra en buenas condiciones, la parte emocional estará en constante equilibrio.

Un consejo es realizar pausas activas cuando nos encontremos con la misma postura, puesto que el propio cuerpo se resiente y luego vienen los dolores musculares agudos, de las cuales nos pueden bloquear a la hora de trabajar. Por lo menos mover los dedos, estirar las piernas, mover las muñecas y descansar la vista por varios minutos. Una adecuada ejercitación del cuerpo físico tendrá como resultado una excelente actitud y un buen desempeño laboral.

Consejo 2: Desarrolle sentimientos, no solo pensamientos

Mostrar una cálida sonrisa, tratar de conocer a los demás y sus emociones, nos hará entender acerca de la diversidad de la vida. Tener la disposición de conocer a otras personas nos transformará en seres empáticos, tal vez consigamos un nuevo amigo. Muchas personas tienen el don de ser consejeros, por lo tanto, están abiertas a escuchar los problemas de los demás y a sugerir una solución acertada respecto a esta.

Esto nos brindará una sensibilidad humana, e incluso seremos capaces de irradiar una confianza absoluta, por ende, nadie intentará mentirnos y mucho menos engañarnos, porque sencillamente nos ven como personas abiertas al diálogo y a la comprensión.

Consejo 3: Limite sus emociones

En muchas ocasiones nos vemos involucrados en apegos emocionales, un buen empleado tiende a ser un excelente profesional en su lugar de trabajo, deja los problemas en su casa y concibe una nueva mentalidad en el nuevo entorno. También es natural la formación de grupos de compañeros en el ambiente, incluso los chismes pueden ser el pan de cada día, sin embargo, la idea es que mantengamos una actitud profesional, sin caer en choques contra otros compañeros y mucho menos hablar mal de ellos. Es mejor estar al margen frente a conflictos negativos, limitar nuestras emociones nos hará forjarnos en nuestros propios objetivos y no ser el "tóxico" de la empresa, por decirlo de alguna forma.

Consejo 4: Tome decisiones cuando este seguro

Cuando esté completamente seguro de los datos, es el momento para tomar una buena decisión, pero realmente debe sentirse lleno o seguro de la decisión a tomar, tengamos en cuenta que la mayor satisfacción es hacer lo que realmente nos motive y nos mantenga en tranquilidad. Porque si realizamos algo que nos puede afectar emocionalmente, es considerable no hacerlo, puesto que la propia conciencia tomará su lugar y no nos dejará en paz. Analizar las decisiones nos hará ser trabajadores sensatos y con una integridad intachable, lo importante es velar por el bienestar de nuestro trabajo, obviamente sin perder nuestra propia dignidad.

Consejo 5: Cultive la flexibilidad

Ser flexibles es la capacidad de adaptarse a los cambios abruptos, para entender este aspecto lo ilustraremos con un pequeño ejemplo:

Una mujer X trabaja en una de las empresas más importantes a nivel global, se encarga del diseño gráfico de los productos en la tienda virtual, su jefe se acerca a ella para sugerirle de algunos cambios en los diseños, a pesar de que la mujer X trabajo por muchos días en dichos diseños, la inteligencia emocional la hará ser flexible frente a las críticas constructivas, de esta forma aceptará sus errores y cambiará de manera oportuna los diseños con los requerimientos establecidos.

Es allí en donde nuestra forma de actuar determinará si somos buenos empleados, cuya finalidad es cumplir con nuestros deberes.

Consejo 6: Comience siempre por los comentarios positivos

La mayoría de las personas valoran mucho las opiniones positivas, si alguien realiza un trabajo y no quedo como esperábamos, es mejor felicitarla por su esfuerzo y luego pedirle que mejore dicho trabajo. De esta forma el peso del fracaso se verá reducido notablemente. Las personas con un alto nivel emocional siempre observan con positivismo cualquier trabajo realizado por los demás, así estos felicitan con fraternidad los esfuerzos realizados y finalmente incitan a la mejora consecutiva del trabajo.

Es bueno que intentemos no subestimar a alguien y mucho menos ser hipócritas, la sinceridad es la clave para hacer mejorar a los demás, sin embargo, hay que tener mucho cuidado en cómo expresarlo.

Consejo 7: Intente resolver los conflictos lo más pronto posible

Dejar que el tiempo cure las heridas y se encargue de poner a los demás en su puesto no es tan recomendable. Si hemos tenido algún conflicto con un compañero, es razonable solucionar los problemas lo más rápido posible, puesto que a menudo si dejamos pasar el tiempo, el rencor crece rápidamente, no podemos dejar nada a medias y mucho menos ignorar los conflictos.

La mayoría de los problemas personales se arreglan en el menor tiempo posible y a través de una comunicación asertiva, enfrentar alguna nefasta e incómoda situación en el tiempo indicado, nos ayudará a potenciar nuestra inteligencia emocional en el trabajo y ser mejores compañeros.

Consejo 8: Escuche con empatía

Este aspecto ya lo habíamos mencionado en capítulos anteriores, sin embargo, ¿cómo usar la empatía en el trabajo? Pues de manera general saber escuchar nos ahorrará muchos problemas e incluso de malas interpretaciones cuando estemos hablando con nuestros jefes, clientes y compañeros de trabajo. Poner en práctica la empatía desarrollará el "saber-hacer", en el sentido de tener conocimiento sobre las emociones de los demás, así sabremos qué quieren en realidad.

La empatía nos brindará una comprensión instantánea de lo que alguien está diciendo, así que es recomendable no intentar ahorrar tiempo indagando en lo que vamos a decir, mientras que otra persona está hablando, eso no es escuchar sinceramente.

Consejo 9: Controle el estrés

La razón por la que debemos controlar el estrés, es por el simple hecho de que esta nos puede bloquear e incluso bajar nuestra productividad en la empresa, y es así como la organización mundial de la salud explica acerca de las incidencias negativas del estrés en la vida laboral:

El estrés laboral es la reacción que puede llevar al individuo ante exigencias y presiones laborales que no se ajustan a sus conocimientos y capacidades, y que ponen a prueba su capacidad para afrontar las situaciones. Aunque el estrés puede producirse en situaciones laborales muy diversas, a menudo se agrava cuando el empleado no recibe suficiente apoyo de sus supervisores y colegas, y cuando tiene un control limitado sobre su trabajo y la forma en que pueda hacer frente a las exigencias y presiones laborales. (Organización mundial de la salud, 2004)

Como empleados debemos identificar las causas del estrés, entre ellas se encuentran: tareas monótonas y aburridas, falta de variedad, tareas desagradables, exceso de trabajos, tareas con tiempos estricto de entrega, horarios inflexibles, extensión del horario (horas extras), sistemas de turnos mal concebidos, tratos violentos por parte del empleador, mal ambiente laboral y poca comunicación empresarial.

Además, hay que identificar los síntomas del estrés, es indispensable reconocerlos para así tomar el control de nuestras emociones. Síntomas del estrés: angustia e irritabilidad, falta de concentración y relajación, dificultad para pensar, perder la pasión por su trabajo, tener sentimientos de tristeza, cansancio y depresión, tener insomnio y enfermarse a cada rato. Por eso debemos tener mucho cuidado con el estrés, porque puede afectar considerablemente nuestra productividad en la empresa y una mala actitud puede ocasionar hasta nuestro despido.

Consejo 10: Sea usted mismo

No intente aparentar lo que no es en su lugar de trabajo, puesto que la honestidad y la transparencia juegan un papel fundamental en la forma en cómo nos ven las demás personas. Tampoco intente ser el hombre o la mujer perfecta para impresionar, como siempre lo hemos repetido en los párrafos de este libro, hay que aceptar que nadie es perfecto y que todos tenemos una debilidad, del cual se puede mejorar con la inteligencia emocional.

Ser un excelente empleado es hacer las actividades por las cuales fuimos contratados, sin perder nuestra propia integridad. Recordemos que si hay un problema, debemos expresarlos; saber lo que deseamos con nuestro trabajo, conocer nuestro desempeño en el entorno laboral, también ponernos en los zapatos de los demás, incluyendo comprender a nuestro jefe, sin caer en juzgarlo.

Recordemos que para hacer un buen empleado y usar debidamente la inteligencia emocional, debemos tener en cuenta lo siguiente:

1)   Hablar cuando exista un problema.

2)   Saber la razón del trabajo.

3)   Identificar la forma y el rendimiento laboral.

4)   Entender y mostrar empatía al jefe y demás superiores.

Además, toda organización es como un ser viviente, por lo tanto, como empleadores debemos tener los ojos bien abiertos para saber todo acerca de la empresa en que nos desarrollaremos como profesionales, incluso los objetivos de producción de la organización; siempre tenemos que analizar si estamos a gusto con nuestro entorno, y si existe algún conflicto, e igualmente hablar sobre ello, para una pronta solución.

¿Cómo ser un buen compañero de trabajo? Para responder esta pregunta debemos analizar esta afirmación de algunas organizaciones adiestradas en la temática:

Ser un buen compañero de trabajo es en gran medida una cuestión de contribuir a la moral del lugar de trabajo y al espíritu de equipo. Puede parecer preferible apegarse a usted mismo y simplemente hacer su trabajo, pero las personas que intentan esa táctica a menudo descubren que sus propios intereses y los de la organización sufren como resultado. Desafortunadamente, cultivar buenas relaciones con sus compañeros de trabajo puede ser un desafío. No todos lo verán como un compañero y, a su vez, no se sentirá abierto y confiado en todas las personas con las que trabaje. (HelpGuide)

Es en ese instante en donde los compañeros de trabajo deben intentar todo lo posible por trabajar en equipo, de esta forma la productividad aumentará y los lazos de hermandad subirán lo sumo posible para beneficio de ambas partes. Ya hemos conocido que cuando en una organización existe un ambiente pesado y tóxico, las cosas no salen adecuadamente, esto puede ocasionar cambios abruptos en las tareas generales y los empleados empezarían a distraerse de sus labores.

Las siguientes recomendaciones son factibles para ser mejores compañeros de trabajo:

1) No hacer suposiciones sobre los demás.
2) No esperar que los demás sean sinceros.
3) Colocar límites frente a los lazos emocionales con compañeros de trabajo.
4) Ofrecer ayuda.
5) No tomarse todo de manera personal.
6) Cultivar capacidades de solución de conflictos.
7) Escuchar activamente a los compañeros de trabajo.
8) Evitar dramas en la oficina.
9) Prestar atención en cómo tratamos a los demás.

10) Mantener una actitud positiva frente a los compañeros de trabajo.

Además de las pautas anteriores, hay que considerar dos consejos de suma importancia, concebidas desde dos puntos de vista. En primera instancia, podemos encontrar la opinión del primer analista:

Un empleado con una buena inteligencia emocional no tendrá inconvenientes para realizar sus funciones bajo presión ni se dejará gobernar por sus sentimientos en los momentos difíciles. Además, esta habilidad, al ser sumamente valorada por los jefes, incrementa las probabilidades de lograr un ascenso laboral.

Por estos motivos, la inteligencia emocional es una habilidad que debe ser fomentada constantemente por los altos cargos de una empresa. Al hacerlo, estarán asegurando un elevado nivel de satisfacción laboral entre sus trabajadores, lo que representa mayores cuotas de productividad y un personal motivado. (Luis Calderon, 2019)

Es claro la importancia de la inteligencia emocional para los empleados, la mayoría de los autores están de acuerdo con la gran puesta en marcha de las emociones en el ámbito laboral, así como lo expresa HelpGuide, ya antes mencionada por sus aportes frente al tema:

Los empleados pueden evitar que se forme una atmósfera tóxica de "cada persona para sí mismos" al extender ofertas empáticas para ayudar, mantenerse alerta ante las oportunidades de rendir cuando un problema es más importante para otra persona que para ellos mismos, y simplemente mostrar interés en el trabajo y la vida de los demás. Evita los chismes y las camarillas. Ambos crean tensión y desconfianza, bajan la moral y reducen la productividad.

¿Cómo sabemos si tenemos un bajo nivel de inteligencia emocional como empleados? Veamos los siguientes síntomas:

1) Desempeñar siempre el papel de víctima.

2) Mantener una comunicación pasiva o agresiva.

3) Negarse a trabajar en equipo.

4) Criticar a los demás.

5) No abrirse a las opiniones de los demás.

Los síntomas o actitudes anteriores es una clara muestra que nuestra inteligencia emocional se encuentra por el suelo, y que debemos mejorarla para aumentar nuestra productividad laboral. Además, la inteligencia cognitiva también juega un papel fundamental a la hora de responder ante las críticas y mantener una excelente actitud, puesto que por lógica sabemos que si tenemos actitudes positivas, como resultado obtendremos beneficios positivos.

A continuación, veremos todo acerca del uso de la inteligencia emocional para los empleadores y cómo esta se puede usar a la hora de contratar personal capacitado tanto emocional y cognitivamente.

La inteligencia emocional en los empleadores

Es momento de analizar la forma en que los empleadores deben usar la inteligencia emocional de manera práctica y cómo los líderes deben mostrar un buen ejemplo delante de los empleados. La cabeza de una empresa es sin duda el dueño, y de allí se engloba los diferentes jefes de cada departamento, ya sea el administrativo, financiero, el de marketing y publicidad, el de atención al cliente, seguridad en el trabajo, y otros departamentos, dependiendo del tamaño de la empresa. Todo líder debe ser empático y abierto a las nuevas posibilidades e incluso adaptarse a la personalidad de sus empleados.

A continuación, se presenta algunos consejos indispensables para cultivar la inteligencia emocional por parte de los empleadores:

Anticipación a los problemas de la oficina

Como hemos expresado anteriormente, el uso de la empatía es determinante a la hora de anticiparse a los problemas del ambiente laboral, ¿por qué? Sencillamente porque al empleador comprender y conocer las personalidades de sus subalternos, podrá discernir en las mejores opciones para la tranquilidad de la oficina, conviene que nos preguntemos: ¿es factible cambiar de departamento a alguien?, ¿cuál es la actitud de los empleados cuando se despide?, ¿una reorganización de labores hará que crezca la productividad?, ¿son los trabajos gratos para los empleados? Y, ¿existe una organización en los horarios asignados?

Sea el primero en intervenir

Muchas veces el empleador se verá obligado a realizar reuniones importantes en donde se aborden problemáticas de la empresa, el líder siempre debe mantener una imagen de liderazgo y mantener un carácter fuerte, pero abierto a opiniones diferentes. Nunca se debe mostrar debilidad y mucho menos aceptar faltas de respeto, porque así los empleados querrán hacer todos sus antojos, sin importarles nada. Por ejemplo: si el líder es débil y con poco carácter, los empleados entregarán sus trabajos cuando quieran, llegaran tarde, saldrán a la hora que deseen, si no quieren trabajar no lo hacen, se inventarán excusas médicas falsas para faltar al trabajo e ignoraran las opiniones de aquel jefe.

Por el contrario, si el jefe posee cualidades de liderazgo y un carácter firme, los empleados entregaran sus labores en el tiempo establecido, harán todo lo posible por llegar puntual, pocas veces faltarán al trabajo, estarán pendiente a sus opiniones y consideraciones, se mantendrán atentos y terminarán sus responsabilidades.

Por ese motivo, el líder debe tomar la vocería en las reuniones, hablar honestamente con el personal sobre posibles errores e invitar a que opinen. Si se da el caso de que algún empleado siente descontento frente a las directrices, es importante acercarse y solucionar la cuestión.

Mejore el nivel de los empleados

Todo líder tiene la facultad de ser un puente hacia el progreso y la mejora de actitudes para una mayor eficiencia de sus trabajadores. Por ello es necesario que el empleador analice las fortalezas de sus empleados, y de esta forma tener las herramientas necesarias para mejorar sus déficits, sin embargo, vale la pena recalcar que no le vamos a decir al trabajador sobre sus debilidades de forma seca o incluso ofensiva, sino más bien, debemos alagar al empleado por sus esfuerzos por mejorar y por último, comentarle de forma asertiva de los detalles que puede trabajar para su progreso; y el proceso que usaremos para ayudarle en ese aspecto.

Flexibilidad y adaptabilidad

La flexibilidad y la adaptabilidad son esenciales a la hora de llevar una organización. Cuando el líder es flexible, entonces existirá una oportunidad para concebir ideas diferentes, tener amplitud en las decisiones y no encaminarse de forma terca a una en particular, de esto nace el saber escuchar a los demás e incluso entender sus perspectivas y puntos de vista. Un líder tiene la cualidad de entender que cada persona es diferente y que existen distintas circunstancias para sugerir un tema. Por otro lado, la adaptabilidad se relaciona con el hecho de adaptarse a los cambios repentinos de la oficina e igualmente al trato de personalidades diferentes.

Por ejemplo, no es lo mismo tratar a alguien con un carácter fuerte y a otro un poco débil, o relacionarse con una persona sensible y emocional, contra otra tosca y simple. El líder siempre debe tener presente eso, e incluso habrá clientes o inversionistas serios y otros divertidos.

La inteligencia emocional lo hará comprender en cómo actuar en las diferentes circunstancias, por ejemplo, en el primer caso de un cliente o inversionista divertido, el líder tratará lo sumo posible de caerle bien y seguirle la corriente, porque en los negocios influye mucho el lazo emocional de las personas. ¿Se ha preguntado de donde sale el éxito de los mejores negociadores? Pues sin duda, de la inteligencia emocional.

Cultive a los trabajadores empáticamente

Este último consejo es sumamente importante, ya que cultivar lazos fraternales con los trabajadores mejorará considerablemente el ambiente laboral, pero esto no quiere decir que deba mimarlos, sino más bien, llevárselas bien con los trabajadores que tantos esfuerzos hacen para mantener una buena producción. Así lo expresan algunos autores:

A pesar de lo que creen algunos gerentes, puede escuchar a sus empleados y mostrar preocupación por sus sentimientos sin tener que preocuparse por ellos. Recuerde, la empatía es diferente de la simpatía, y debe mantenerse en sintonía con sus propios sentimientos mientras intenta comprender los de ellos. Con un EQ alto, podrá interrumpir una conversación sincera antes de que sea improductiva e interfiera con sus propios objetivos, sin ofender a su empleado. (Jeanne Segal)

Inteligencia emocional a la hora de contratar

A la hora de contratar el personal es preciso que el empleador realice una planificación del personal, de esta forma debe tener en cuenta aspectos como turnos del personal, calidad, habilidades de los trabajadores, estrategias a largo plazo, herramientas tecnológicas y un ambiente laboral cómodo. También la definición del perfil para cada puesto, debe estar debidamente estructurado.

En el proceso de contratación, y en este caso está bajo la obligación de recursos humanos dicha contratación para empresas grandes, pero para las empresas medianas y pequeñas usualmente el jefe es el encargado de tal selección, junto a su grupo de personal. Para realizar la selección adecuada hay muchos métodos, entre estos se encuentran: la entrevista, el curriculum, los test de habilidades, las medidas de personalidad, las referencias y los test cognitivos.

El proceso de contratación se divide en cuatro fases:

1) Planificación de personal.
2) Reclutamiento.
3) Selección.
4) Integración.

Si queremos usar la inteligencia emocional a la hora de contratar, debemos tener en cuenta los siguientes puntos:

1) Realizar un auto-informe a los candidatos.
2) Realizarles una prueba de habilidad a los candidatos.
3) Usar el MEITPRO (Mobile Emotional Intelligence Test), es una prueba digital que mide la inteligencia emocional de la persona.

Así como lo expresan algunos autores sobre la contratación de personal:

Antes de llevar a cabo una propuesta para seleccionar personal es imprescindible saber cuáles son las medidas para evaluarla. Tras un análisis del concepto y la historia de la Inteligencia Emocional, para poder mejorar nuestras competencias emocionales, previamente, se debe realizar una evaluación que nos permita conocer en qué aspectos destacamos y en qué aspectos podemos mejorar. (González, Peñalver y Bresó, 2011)

Por tal motivo y como conclusión el MEITPRO es la mejor alternativa a la hora de medir el nivel de inteligencia emocional de los candidatos. ¿Cómo funciona el MEIRPRO? Pues bien, cuando el individuo finaliza la prueba, automáticamente se mostrará los resultados en ambas partes de cada nivel de competencia: baja, media y alta.

Si el resultado es menor a 85 puntos se verá resaltada de naranja, entonces es recomendable que dicho candidato mejore esa parte. Por consiguiente, de 86 a 115 se mostrará azul, esta es una calificación media, y esto quiere decir que el individuo tiene una buena capacidad, pero puede mejorarla. Por último, una calificación por encima de los 115 puntos, de las cuales se apreciará de color verde, quiere decir que el individuo ha alcanzado un nivel alto en una determinada competencia.

A continuación, veremos cómo usar la inteligencia emocional en la resolución de problemas, a través de diversos ejemplos y situaciones cotidianas de la vida diaria, esto nos ayudará a identificar las situaciones con ayuda de algunos casos de la vida real, de esta forma crecerá nuestro nivel emocional, a tal punto que los demás notarán nuestros cambios y querrán imitarnos. Así seremos una inspiración para nuestros seres queridos, amigos, hijos y nuestras parejas.

La inteligencia emocional en la resolución de problemas

Todos tenemos problemas y conflictos que nos aquejan, la vida misma está atravesada por algunos obstáculos que en muchas ocasiones nos hacen tambalear. Podemos tener discordias con amigos, compañeros de trabajo, con nuestros padres, hermanos y todas las demás personas que nos rodean. ¿Qué es un problema? Un problema desde el punto de vista social, son todas las acciones negativas que perjudican a un individuo, en donde no hay una visualización completa y sustancial de la realidad, también hay cierto tipo de comunicación agresiva por parte de alguna de las partes, en este caso nos estamos refiriendo a los problemas de carácter personal.

Por ese motivo, es necesario una respuesta contundente frente a este tipo de conflictos dañinos, de las cuales puede perjudicar considerablemente nuestra parte emocional. Porque sentimientos de ira, furia y rabia pueden atrapar nuestro corazón, hasta el punto de hacernos perder todo lo avanzado con nuestra inteligencia emocional. Para poder estar preparados frente a este tipo de circunstancias, hay que observar la realidad, por ello hemos creado una serie de casos, con el fin de identificar la forma en que debemos actuar frente a momentos cruciales para nuestra vida emocional.

Veamos los siguientes casos para encontrar e identificar los mecanismos necesarios para tomar el control de las situaciones incómodas que se dan en la vida diaria.

Caso 1: Conflictos con los vecinos

Fernando vive en una ciudad pequeña de España, tiene dos hijos y una maravillosa esposa. Trabaja de lunes a viernes en una empresa de alimentos como contador, por eso llega cansado a casa. Un martes por la noche su vecino de al frente saca a pasear a su perro, llega hasta el jardín de Fernando, entonces el perro hace sus necesidades en dicho lugar. La esposa de Fernando se percata de la situación y sale a reclamarle al vecino sobre la acción realizada en su propio jardín. El señor también le contesta groserías y actúa violentamente contra la mujer. ¿Qué debería hacer Fernando?

Es muy difícil de responder esa pregunta si no tenemos una inteligencia emocional alta, puesto que cualquier persona respondería que Fernando debería ensancharse contra su vecino, y arreglar las cosas de la misma forma en que este actúa. Sin embargo, si usamos la inteligencia emocional como Fernando, nos daríamos cuenta que la forma de manejar la situación es teniendo un diálogo asertivo, preguntarle al vecino acerca de las razones de haber aceptado que su perro hiciera sus necesidades allí. Por ende, él fuese tranquilizado a su esposa y a su vecino. La solución es que el señor recoja las necesidades de su perro sin llegar a problemas serios.

Caso 2: Conflictos con familiares

Rebeca es una veterinaria residente de la ciudad de Madrid, ella todos los diciembres visita a su familia en los Estados Unidos. Le encanta pasar tiempo con su madre y hermanos, todos de reúnen en un entorno navideño. Sin embargo, su hermana mayor tiene cierta rivalidad con ella, siempre intenta humillarla frente a los demás. Rebeca no aguanta sus comentarios negativos y un año antes tiene una discusión fuerte con ella, desde allí nunca más se hablaron. Al año siguiente, Rebeca observa a lo lejos a su hermana mayor, esta se sienta y comienza a mirarla, luego ella le dice en el oído algo a su otro hermano y este se ríe, mientras que mira fijamente a Rebeca. ¿Qué debería hacer Rebeca?

La solución es que Rebeca debería acercarse a solas a su hermana y entablar una conversación con ella, si es necesario pedirle disculpas por las situaciones anteriores. Así su hermana sabrá que por parte de Rebeca no existe ningún rencor. Ella se dará cuenta de la actitud pacífica de su hermana, por consiguiente, mejorará a corto plazo su relación.

Caso 3: Conflictos con amigos

Michael es un hombre extrovertido y sociable, tiene amigos de todos los tipos. Él tiene la costumbre de ayudar a sus amigos en lo que necesiten. Un día un amigo le pide dinero, y Michael le presta, sabiendo que él ha tenido problemas con los demás a causa de préstamos. Después de varios meses Michael tiene problemas económicos, vende algunas cosas de valor, porque no consigue trabajo. Así este recuerda que le prestó dinero meses atrás a un conocido, entonces Michael se comunica con él, en ese instante su amigo le dice que le va a pagar. Los días pasan y Michael continúa insistiéndole acerca de la deuda, pero su deudor insiste que se lo pagará pronto. Siguen las semanas pasando y Michael no recibe respuesta.

Michael decide ir a la casa de él, pero este se esconde y no sale. Luego le escribe unas groserías por una red social, este le responde groseramente y terminan bloqueándose ambos. ¿Estuvo bien la actitud de Michael? ¿Vale la pena perder una amistad por dinero? En este caso, existen varias respuestas. La primera es que Michael debió anticiparse a la situación, él ya sabía que su amigo era irresponsable con las deudas, por lo tanto, podría haber usado alguna excusa para no prestarle y así evitar conflictos. Otra opción es que Michael tenía que olvidar el asunto del préstamo a la tercera vez de cobrarle, ya que él sabía perfectamente la actitud de su amigo.

Caso 4: Conflictos con compañeros de trabajo

Samanta trabaja de lunes a sábado como asesora comercial en un hotel prestigioso. Ella es muy querida y siempre intenta mantener relaciones interpersonales activas, habla con la mayoría de sus compañeros. Sin embargo, un día ingresa una compañera nueva en el grupo. Samanta y sus compañeras de trabajo están reunidas en una mesa, la chica nueva intenta acercarse al grupo, pero estas actúan de forma déspota con la mujer, entonces ella se aísla. Samanta observa esa reacción de manera reprochable, pero no dice nada. En la conversación del grupo comienzan a criticar la forma de vestir de la chica nueva y empiezan a hablar mal de ella. Samanta también se ríe de las burlas y participa activamente en la conversación, sacando hipótesis sobre la chica.

Después de varios días, Samanta tiene la oportunidad de conocer a la chica nueva, y esta le cuenta todo acerca de las burlas y los comentarios negativos que hacen sobre ella en la oficina. ¿Qué errores tuvo Samanta? En primer lugar, Samanta no tenía porqué participar y criticar a su nueva compañera y mucho menos suponer cosas irreales sobre ella, Samanta debió mantenerse neutral y tomar la vocería para hacerles saber a sus compañeras que no estaba bien hablar mal de los demás. En segundo lugar, Samanta tuvo el error de comentarle a su compañera de las burlas hacia su persona, puesto que está fomentando el chisme y el ambiente laboral negativo.

Por último, Samanta tenía la oportunidad de conocer a fondo a su compañera nueva e integrarla al grupo, recordemos que una simple acción positiva puede cambiar todo el panorama.

Caso 5: Conflictos con padres

Roberto tiene 22 años, estudia en la universidad y aún vive con sus padres, él no trabaja. Sin embargo, muchas veces llega a su casa en la madrugada borracho y con golpes en su cuerpo. También él tiene la costumbre de fumar. Sus padres son creyentes y estrictos con él, todos los fin de semanas Roberto discute con sus padres de forma violenta, él no hace caso y quiere vivir la vida como se le da la gana.

Sus padres están decepcionados de Roberto. No obstante, él siente que no lo entienden. ¿Cuál es la solución? Este tipo de situaciones son tan comunes, puesto que en la juventud se hacen cosas sin pensar. Pero Roberto si tiene una alta inteligencia emocional, entenderá que sus padres quieren lo mejor para él. Una forma es ponerse en los zapatos de sus padres, para así entender sus preocupaciones, también las consecuencias que conllevan sus acciones. Roberto debe aceptar sus circunstancias y adecuarse al estilo de vida de sus padres, no olvidando su propia esencia, si él quiere seguir con su actitud, pues tiene la opción de independizarse y tomar sus propias decisiones.

Caso 6: Conflictos con hijos

Usando el ejemplo anterior, desde la perspectiva de los padres, la recomendación es que ellos deben dialogar con el joven, para así entender del porqué de sus actitudes. Usualmente cuando un joven comienza a hacer cosas inapropiadas es porque realmente está atravesando un periodo de incertidumbre e incluso de depresión. Por eso, lo primordial es descubrir e identificar su salud mental, física y emocional, para de esta forma poder ayudarlo. Por otro lado, la sobreprotección y la dictadura puede llevar al joven al estrés, tanto que del fastidio esté haciendo cosas negativas, por el simple hecho de sentirse prisionero. En conclusión, los padres deben analizar las conductas de estos contra sus hijos, así podrán identificar las debilidades y fortalezas de su retoño.

Como consejo podemos tener en cuenta las opiniones de algunos especialistas referente a la responsabilidad de los padres con sus hijos:

Como he mencionado anteriormente, podemos ayudar a nuestros hijos/as a progresar emocionalmente con cualquier asunto; animarlos a extraer consecuencias de sus interrelaciones, de sus dificultades, de lo que les asusta, de sus aciertos, de sus proyectos. Ayudarlos a transitar las distintas vicisitudes y traducirlas en experiencia consciente. Como progenitores debemos explorar nuevos caminos para crear un vínculo satisfactorio con nuestros hijos/as. Cualquier revisión de nuestro proceder nos permite un trabajo, una implicación emocional que siempre nos aporta beneficios a corto plazo. (Carmen Sanjuán, 2014)

Caso 7: Conflictos en las redes sociales

Gustavo es un apasionado por las redes sociales, diariamente revisa su cuenta y participa activamente en diversos grupos. Un día él comenta una publicación, usando su perspectiva y punto de vista. De pronto, alguien responde su comentario de forma grosera y lo ofende. Gustavo siente una fuerte cólera en su corazón y decide también caer en la misma actitud que su rival. Empiezan comentarios violentos, hasta el punto de ambos amenazarse de muerte. Luego, la conversación se dirige hacia mensajes, continúan discutiendo violentamente y, de forma sorpresiva Gustavo termina bloqueando al sujeto. Después de varios días, en las redes sociales sale la foto de Gustavo en donde hablan mal de él.

¿Gustavo podía evitar la situación? Pues la respuesta es bastante clara, él no tenía porque seguir con la discusión y muchos menos contestar frente a las ofensas. Usando la inteligencia emocional debió decir un comentario como "respeto tu opinión", "gracias por comentar, pero cada persona es diferente". Si el sujeto seguía atacando, Gustavo tenía la facultad de ignorar cualquier comentario dañino e incluso hubiese optado por bloquearlo.

Caso 8: Conflictos con la pareja

Carmen lleva 5 años de casada con Gilberto, ambos han tenido una vida tranquila y feliz hasta ahora, sin embargo, últimamente Gilberto actúa extraño y se ha apartado lentamente de ella. Carmen observa que él se la pasa chateando con su celular a cada rato, se ríe solo y se acuesta tarde pendiente de su aparato electrónico. Ella está molesta por las actitudes de su marido, hasta que un día revisa el aparato y se da cuenta de todo. Ella no sabe cómo actuar, su marido le está siendo infiel con una mujer más joven, ella lo ama y no desea dejarlo, sin embargo, los celos y el enojo sacan partida de la situación.

Cuando llega su esposo a casa, ella le grita y lo ataca violentamente, Carmen no escucha explicaciones y lo saca de la casa. Él se va y después de un tiempo regresa con papeles de divorcio y la constancia de que la mitad de la casa es suya.

Este caso es complicado de predecir, por el simple hecho de que la actitud de Carmen es completamente normal y entendible. Sin embargo, ella cometió un error, debió controlar sus emociones y de esta forma cuando llegase su esposo, tomar el control de la situación y dialogar acerca de su relación. De esta forma, todo quedaría claro para la pareja e incluso Carmen hubiese comprendido el porqué de la infidelidad de su esposo.

Caso 9: Conflictos con los superiores

Alejandra es una cajera de un supermercado conocido en la ciudad, ella es excelente en su trabajo, lleva más de 6 meses en su puesto. Sin embargo, ella se la pasa chismoseando con sus compañeras e incluso habla mal del administrador. Un sábado, Alejandra tiene problemas con un cliente y el administrador se entera, él la llama a su oficina para hablar.

La actitud de Alejandra es repulsiva, atrevida y terca, no escucha a su superior, réplica a los consejos del administrador. Él se percata de su actitud. Cuando finaliza el contrato, Alejandra tiene la ilusión de que se lo van renovar, pero desafortunadamente no lo hacen. Así los meses pasan y Alejandra manda su hoja de vida a otro supermercado, teniendo como referencia laboral la empresa anterior. La de recursos humanos observa la hoja de vida de Alejandra y llama a la empresa en las cuales ella laboró anteriormente, pero el administrador contesta y dice la verdad.

Con el caso anterior, podemos darnos la idea de lo importante que es mantener una imagen intachable frente a los superiores, porque nuestros puestos se deben a ellos, y es necesario respetar la autoridad, así nos escapamos de malos comentarios y malas referencias.

Caso 10: Conflictos con desconocidos

Fernando es un prestamista distinguido, siempre se mantiene de aquí para allá prestando dinero y concretando negocios. Un día mientras iba manejando su carro, recibe un golpe fuerte en la parte de atrás. Él se detiene y decide bajarse del auto a ver lo sucedido y se percata de que dicho golpe le ocasionó una grave lesión al auto. El otro conductor también decide bajarse de su auto y emprende una discusión con Fernando, hasta el punto de que este lo amenaza con darle una golpiza si lo sigue molestando con el accidente.

En otro lugar, la señora Patricia se monta en un transporte público, ella tiene una avanzada edad. Pero nadie quiere darle el puesto, otra anciana protesta contra el señor que se encuentra sentado, y este la arremete con palabras ofensivas. Todos comienzan a discutir porque nadie quiere darle el puesto a Patricia.

Como vemos los dos casos suceden en la vida real, en el primero notamos la conducta por parte de los demás, en este caso del señor que golpeó el auto de Fernando. Si es muy alta la inteligencia emocional, entonces Fernando pudiese haber optado por llamar a las autoridades competentes para arreglar el problema, así fuese controlado la situación, también podría no seguirle la corriente al sujeto.

En el segundo caso, si el señor que iba sentado en el puesto hubiese sido amable en otorgarle el puesto a la señora Patricia por encontrarse en estado de vulnerabilidad, al ser una anciana; la situación no hubiese pasado a mayores. A veces las cosas se encuentran a la merced de las decisiones de los demás, es allí en donde nos preguntamos si hacemos el esfuerzo necesario para intentar solucionar los conflictos que se presentan.

Los casos anteriores fueron una clara muestra de las situaciones de la vida diaria, en donde convergen circunstancias propias de los conflictos, por eso es necesaria la IE, para evitar lo mencionado anteriormente.

Bajo nivel de inteligencia emocional en las relaciones de pareja

Cuando dos personas se unen en el néctar del amor, debe haber respeto, tolerancia, sinceridad y sobre todo fidelidad. Si no existe tal cosa, entonces estamos hablando de una relación hipócrita y con bajos niveles de inteligencia emocional. ¿Cómo saber si nuestra relación tiene bajos niveles de inteligencia emocional? Veamos los siguientes síntomas:

Síntomas de bajo nivel de inteligencia emocional en la pareja

1) La pareja no se apoya mutuamente.

2) Discuten todos los días.

3) Ambos son infieles.

4) Se ocultan cosas.

5) No comparten decisiones.

6) No existe la confianza.

7) Están juntos solo por un interés particular.

8) No se ayudan mutuamente.

9) Se critican todo.

10) No hay comunicación asertiva.

Los síntomas del bajo nivel de inteligencia emocional puede variar dependiendo del grado en que se encuentre la pareja. Por tal motivo es recomendable conocer a fondo a nuestra futura pareja.

¿Cómo deshacernos de las relaciones tóxicas con inteligencia emocional?

Una persona tóxica es aquella que observa la vida de forma negativa, siempre intenta bajar el autoestima o humillar a los demás, se vanagloria de sus malas acciones e intenta todo lo posible por controlar la vida de los demás, aquellas personas desean lo sumo posible por querer que otros actúen como ellos desean.

Al usar la inteligencia emocional, podemos crear un ecualizador como una herramienta inquebrantable. Cuando nos encontramos con una persona tóxica es necesario alejarse y no prestarle atención a sus comentarios dañinos y venenosos, de nada servirá llevarles la contraria, porque estos más desearan hacernos explotar.

Hay que transformar sus oscuras palabras en luz, para eso tenemos que tener una alta inteligencia emocional, seguir con los consejos y las prácticas ante esas situaciones es precisamente necesario, por el simple hecho de que esto puede protegernos de las personas tóxicas.

Recomendaciones para deshacernos de una persona tóxica:

1) Alejarse por completo.
2) Mantenerse al margen de los comentarios negativos.
3) Ignorar las palabras venenosas.
4) No dejarse llevar por el momento.
5) Observar, analizar y discernir.

¿Cómo mejora la inteligencia emocional la productividad?

Como habíamos explicado con anterioridad, la inteligencia emocional y la productividad están relacionados, aunque muchas personas lo duden. Recordemos que la IE nos ayuda a tener estados emocionales equilibrados, de esta forma estaremos bien y mostraremos una excelente imagen frente a los que nos rodean. Es muy cierto que cada persona es diferente y cada quien posee habilidades o cualidades distintas, todos tenemos algo que nos hace únicos y originales; vemos personas de las cuales impresionan con sus voces, individuos que de deleitan con su música, y todas las demás destrezas humanas. Para saber la relación de productividad e inteligencia emocional debemos aprender todo acerca del primero. ¿Qué es la productividad?

La productividad es la acción de trabajo, de las cuales prevalece el desempeño y la eficacia sobre esta, incluyendo la eficiencia. Si unimos esta palabra con "personal", descubrimos que la productividad personal es la forma en cómo un individuo se desempeña en su vida, en cuanto a sus interrelaciones con la propia realidad. Así como lo expresa algunos autores especializados en el tema:

Podríamos decir que productividad personal es una forma de vida con la intención de alcanzar un estado de tranquilidad, paz, calma, felicidad (cada uno le pone un nombre diferente) equilibrado con las demandas de nuestro entorno cultural y social. Así que es fácil entender que la productividad personal es algo directamente relacionado con la forma de pensar y hacer de las personas. (Beatriz Blasco, 2016)

De esta forma según las palabras expresadas por la autora, la productividad personal se refiere a la forma de alcanzar la supremacía de la reivindicación en una sociedad degradante, el individuo busca su propia esencia, expresión y actitud innovadora, cuyo objetivo es poner un grano de arena para hacer un mundo mejor.

Nuestro estado de ánimo radica mucho en la forma en que tomemos nuestras decisiones, puede ser que hayamos tenido un día difícil, por lo tanto es común absorber sentimientos de ira, molestia y estrés, podemos incluso tratar mal a nuestros seres querido. De esto radica la relación de productividad e inteligencia emocional. Sin duda, así como nuestras emociones se acentúan en alguna situación, de la misma forma ocurre con la toma de decisiones, tal vínculo emocional se encuentra conectado con las motivaciones para realizar las cosas.

Ahora hagamos una división de los estados emocionales con la productividad, lo dividiremos por segmentos:

Segmento 1

Nuestro estado emocional es pacífico, el cuerpo se encuentra en una relajación profunda. No obstante, cuando existe estancamiento y poca acción, entonces la productividad baja notablemente. En ese momento debemos reflexionar, evaluarnos, de tal forma que podamos discernir acerca de nuestro ánimo tan bajo. La tristeza influye de forma positiva, si la usamos para mejorar alguna actitud o darnos cuenta que realmente estamos haciendo las cosas bien.

Segmento 2

En esta parte nuestra energía es desafiante, alta y violenta. Por consiguiente, es hora de controlar aquella energía de rabia para realizar buenos negocios, tratar con todo tipo de personas e igualmente llevarnos bien con las personas de nuestro alrededor.

Segmento 3

Aquí nos podemos sentir ilusionados, con muchas expectativas próximas a un logro. La energía aumenta considerablemente. En este periodo es importante trabajar por nuestras metas a corto y a largo plazo.

Segmento 4

A diferencia del segmento 1, esta vez es una paz y tranquilidad con un valor de voluntad. En este segmento es esencial la creatividad, la reflexión e incluso la diversión.

Podemos concluir que la productividad está estrictamente vinculado con nuestros ánimos, emociones y actitudes. Todo se encuentra interconectado, por eso si queremos tener una inteligencia emocional elevada, entonces debemos leer y poner en práctica lo aprendido. También este aspecto es afirmado por algunos especialistas:

Lo que tienes que hacer es desarrollar tu inteligencia emocional para conocerte, saber cómo estás y aprender a modificar ese estado en ti. Para adecuar tu estado a la tarea. Esto requiere entrenamiento. Una vez has sido capaz de regular tu estado emocional puedes incluso influir sobre el estado emocional de tu equipo, por ejemplo en una reunión. O alterar el orden de la reunión o incluso suspenderla si el estado no es el adecuado para el objetivo planteado para la reunión. (Beatriz Blasco, 2016)

Importancia de la empatía con la inteligencia emocional

La empatía es uno de los mayores síntomas de la felicidad, puesto que gracias a esta podemos entender a los demás. A pesar de que existen pocas personas con este tipo de habilidades de la inteligencia emocional, es preciso decir que cualquier persona tiene la capacidad para cultivar esta cualidad innata. Pero veamos algunas definiciones de empatía por parte de diversos autores:

La idea común de cada definición es la aceptación de un individuo capaz de entender y conectarse con las emociones de los demás. Comprender y darse cuenta que las actitudes humanas están influenciados por una simple emoción. Un ejemplo para explicar la verdadera forma e importancia de la empatía es la siguiente:

Imaginemos que el familiar de un amigo ha fallecido, este tiene una gran tristeza y es difícil consolarlo. No es necesario que hayamos pasado por el mismo dolor para entender sus emociones, la empatía nos ayudará a entender, captar, escuchar las manifestaciones de aquel individuo contristado por el dolor. Podemos hasta ser capaces de ayudarle.

Capítulo Cinco: Inteligencia emocional en la vida familiar

La familia es uno de los cimientos más importantes de la vida humana, es la institución primordial para la permanencia de la raza humana. A lo largo de la historia, la fuerza de la sociedad ha estado en sintonía con la vida familiar, entonces, ¿qué es la familia?

La definición de la familia está entrelazada particularmente con la época y la cultura en que la determinemos analizar. Para los países occidentales la familia está compuesta por un padre, una madre e hijos, los abuelos usualmente tienen su propia morada o viven en asilos. Este es la típica familia conservadora, de las cuales ha funcionado por miles de años.

No obstante, en la actualidad la definición de familia ha venido cambiando gradualmente. Esto se debe a factores sociales que han venido transformando lo que conocemos como familia. En los últimos años ha proliferado diferentes clases de familia, entre estas podemos encontrar: familias monoparentales, madres y padres cabeza de hogar, las que reúnen hijos de distintos matrimonios y otras cuyos padres no viven juntos por alguna razón, también por abuelos, tíos o hermanos, de las cuales mantienen y cuidan a sus cercanos, e incluso las familias adoptivas juegan un papel importante para aliviar los abandonos esporádicos.

En algunas culturas son normales las familias numerosas, en este tipo los hijos siguen atendiendo a sus padres mayores. Formando lazos de humanidad por parte de hermanos, tíos, sobrinos, nietos y demás integrantes. En otras palabras, todos ayudan y velan por el bienestar del grupo. Por otro lado, existen familias de parejas del mismos sexo, de las cuales en la actualidad no es un tabú como hace 10 años. Como vemos una familia es el conjunto de individuos unidos, ya sea biológicamente y humanamente por lazos afectivos, cuya función es velar por la integridad de cada miembro, incluyendo la educación mental, emocional y física en un entorno reconfortante.

Conocer la esencia de la familia es crucial para relacionar la inteligencia emocional con este aspecto, puesto que la vida de un ser humano es regido por su entorno familiar, es un espacio en donde se aprenden valores importantes, la personalidad se moldea, los conocimientos fundamentales y básicos se forman en la familia.

Los principios de las normas y la moral también se aprenden en el entorno familiar y nuestro futuro es regido por la forma en que nuestros padres o acudientes nos educan. No obstante, muchos traumas están vinculados a la infancia y se encuentran notablemente ligados con la parte emocional.

Por eso, si un individuo desea cultivar la inteligencia emocional, debe primeramente solucionar todos los traumas, miedos y conflictos internos en el "ser". Porque cuando se tiene una familia, la estabilidad emocional será importante para mantener un buen ambiente hogareño, aún más si somos cabezas de hogar, nuestros hijos se verán notablemente influenciados por las decisiones nuestras. Si los padres poseen una estabilidad emocional, entonces los hijos también la tendrán; como resultado nuestra descendencia obtendrá el regalo del conocimiento y la inteligencia emocional para cualquier aspecto de la vida.

En este capítulo veremos la relación de la inteligencia emocional con la vida familiar, sentimental y personal. En el primer caso abordaremos todo acerca de la IE (inteligencia emocional) en las relaciones personales, incluyendo sus incidencias, la forma adecuada en la que debemos expresar nuestras emociones, también el modo de recibir los problemas, cómo buscar relaciones saludables, sin caer en corrosivas situaciones. Es un alivio conocer cómo podemos desarrollar relaciones sanas y las herramientas que tenemos para obtenerla, además la pronta respuesta en contra de situaciones negativas en la vida personal, nos hará mejores personas frente una sociedad demacrada.

También en este capítulo indagaremos sobre cómo usar la inteligencia emocional en la resolución de problemas. Recordemos que diariamente muchos conflictos emocionales se dan en el hogar. A veces la inconformidad, la falta de comunicación y sobre todo las diferencias de personalidad influyen directamente con el ambiente en el hogar. Por eso, es necesario analizar la inteligencia emocional en padres, madres e hijos, cuya base primordial es el amor incondicional. Si todas las partes se encuentran en equilibrio, sin duda el templo familiar será gratificante. Por otro lado, explicaremos los síntomas que tienen las parejas con un bajo grado de inteligencia emocional, cómo mejorarlos y también de qué forma pueden trabajar ambas partes para aumentar la IE.

Por último, mostraremos las maneras para deshacernos de las relaciones tóxicas con un ecualizador saludable. Es muy común vernos rodeados con personas negativas, violentas e incluso criticonas, de las cuales siempre intentan menospreciarnos, hasta el punto de bajarnos el autoestima. La idea es hacernos tan fuertes que cualquier tipo de comentarios tóxicos nos resbalen y no nos afecten.

Goleman, afirma de la importancia de la familia como recurso inicial para concebir valores que moldean la inteligencia emocional, "Desde el punto de vista de las relaciones humanas, la familia es el núcleo central, cuyo papel primordial en el proceso de socialización es el establecimiento de normas, reglas y sobre todo valores éticos y morales".

La inteligencia emocional en las relaciones

El hombre constantemente se encuentra en continuo crecimiento, las relaciones interpersonales son el vivir diario. Existen todo tipo de personas con personalidades tan diferentes que muestran a la propia existencia tan diversa como los planetas en el espacio. Cada persona tiene sus creencias, pensamientos y un estilo de vida en particular, eso es lo que hace interesante la vida misma.

Sin embargo, en este espacio nos enfocaremos acerca de la inteligencia emocional en las relaciones, ¿qué tipo de relaciones? Pues, en este caso abordaremos dos tipos de relaciones, la sentimental y la social.

Las relaciones sentimentales son aquellas interacciones en las cuales existe un lazo sentimental, pero de forma romántica. Hay un vínculo emocional de ambas partes, mujer y hombre se entrelazan en una pasión química y física. El interés crece incontrolablemente, sin embargo, muchas veces podemos equivocarnos a la hora de elegir la persona apropiada y que nos de el lugar que merecemos. ¿Qué tiene que ver la inteligencia emocional con las relaciones sentimentales? Para responder esta pregunta, debemos pensar acerca de las cosas que esperamos de nuestra pareja o la persona con quien salimos.

Un apropiado uso de la IE nos puede encaminar a una relación en pareja genuina, ya que cultivaremos valores como la tolerancia, la honestidad, la sensatez, el respeto y sobre todo el equilibrio emocional. Muchas personas pueden perder oportunidades para conseguir pareja, por el simple hecho de sentirse inseguros, pensar lo negativo, ven cosas o situaciones donde no las hay, tienen miedo al fracaso y demás aspectos netamente negativos. Por ejemplo, Marcos siempre ha tenido problemas para conseguir una relación estable, siempre lo terminan engañando, hasta el punto de romperle el corazón. Él tiene un trauma con la infidelidad, si este no usa la inteligencia emocional, constantemente estará inseguro al querer comenzar una nueva relación e imaginará cosas que no están pasando, por ende arruinará su relación.

Síntomas de una baja inteligencia emocional en las relaciones

1) Celos no fundamentados.
2) Inseguridad constante.
3) Imagina cosas que no están sucediendo.
4) Hace hipótesis irreales sobre alguna situación.
5) Quiere a alguien perfecto.

Síntomas de una alta inteligencia emocional en las relaciones

1) Comprensión de situaciones.

2) Seguridad en las decisiones sentimentales.

3) Estabilidad emocional.

4) Sabe lo que quiere en una relación.

5) No saca conclusiones injustificadas.

6) Vela por el bienestar de sus cercanos.

7) Sabe que nadie es perfecto.

8) Intenta mejorar las actitudes de seres queridos.

9) Escucha los argumentos de su pareja sentimental.

10) Busca un acuerdo en los conflictos sentimentales.

Tener una excelente comunicación es la clave para mantener buenas relaciones, ya que podemos encontrar el punto de equilibrio en nuestras vidas, para así no sentirnos atribulados o resentidos. Sin embargo, hay un punto que no hemos tocado, esto es el amor propio y conocerse a sí mismo. Los dos puntos mencionados son sin duda la base para edificar relaciones duraderas. ¿Por qué cultivar el amor propio? Sencillamente porque este nos ayuda a mantener intacta nuestra propia dignidad, sin caer en humillaciones o atropellos, porque la mayoría de las personas cuando se enamoran pierden la noción de sí mismas. Hay algo que debemos hacer antes de empezar una relación amorosa, eso es el autoconocimiento interno. Conviene preguntarnos: ¿cuáles son nuestros puntos fuertes?, ¿cuáles son nuestras debilidades? Y, ¿qué necesitamos emocionalmente? Cuanto mejor lleguemos a conocernos, más preparados estaremos para encontrar a alguien que fomente nuestras virtudes.

¿Qué cualidades importan más en una persona?

A) Atractivo físico.

B) Popularidad

C) Decencia.

D) Confiabilidad.

Si nuestra respuesta fue la decencia y la confiabilidad estamos por un buen camino a la hora de mejorar y acercarnos a personas con valores desarrollados, de las cuales nos harán mejorar como persona, esto no quiere decir que a las personas un poco negativas o tóxicas se les mantendrá alejadas, pues eso sería discriminación, al contrario, se le puede ayudar a ese tipo de individuos a mejorar. Si queremos una relación amorosa de forma saludable, es completamente necesario analizar las actitudes u observar cualquier síntoma, porque sino nuestras relaciones sentimentales serán una pesadilla.

Por otro lado, en cuanto a las relaciones de carácter social, ya sea de amistad o con nuestros familiares cercanos, se puede usar todo lo aprendido en los capítulos anteriores, la clave se encuentra en el trato hacia los demás, la empatía, el control de las emociones y demás factores determinantes a la hora de manifestar inteligencia emocional. La idea no es repetir como loros lo mismo, sino más bien actuar y ser felices como verdaderamente se exprese nuestra propia esencia. Nadie puede hacernos caer en un cuadrado, en donde no podamos ser nosotros mismos, sin embargo, la inteligencia emocional nos facilita la vida, convenciendonos de que podemos ser mejores cada día.

Ahora que vimos acerca de la inteligencia emocional en la vida familiar, es hora para descubrir algunos secretos escondidos de la IE, en donde aprenderemos las premisas ocultas para cultivar una gran actitud equilibrada.

Capitulo Seis:
Secretos de la inteligencia emocional

La inteligencia emocional es una condición muy importante en la vida de las personas. La conducta de esta generación se encuentra notablemente consumida por la violencia, la agresión y el rechazo. Ya hemos visto en la actualidad actitudes totalmente contrarias a la moral y ética, en donde individuos rompen las reglas de un ambiente de paz, modificando sus conductas hasta el punto de dañar físicamente o mentalmente a las personas que las rodean. Por ello existe la necesidad de poder usar la inteligencia emocional en todos los aspectos de la vida. Existen tantos secretos que esconden los conocedores de la IE, líderes de las cuales se caracterizan por su notable rendimiento.

Así como lo afirma algunas páginas especialistas en el desarrollo de la conciencia:

La gente que emplea la inteligencia emocional posee una alta capacidad de resiliencia, mayor tendencia al autocontrol, autodisciplina, facilidad para construir excelentes relaciones interpersonales. Estas cualidades pueden desarrollarse con la aplicación de diferentes prácticas y siguiendo un plan específico de metas personales. Existe una fuerte inercia en los patrones de conducta de acuerdo a cierta programación mental. La neuroplasticidad del cerebro dice que esa tendencia puede ser modificada y así se crean nuevas conexiones neuronales vinculadas con el desarrollo de una personalidad más equilibrada, lo cual significa el empleo de la inteligencia emocional. (Corrent, 2015)

Por lo tanto, como descubrimos anteriormente, para que una persona pueda ser autosuficiente con sus emociones debe ser tolerante, tomar el control de las situaciones, tener autocontrol, ponerse en el zapato de los demás, comprender las acciones de personas negativas, analizar a fondo una situación y enseñar a todas personas necesarias acerca del valor de la inteligencia emocional.

Además, hoy en día las habilidades de inteligencia emocional tienen una gran demanda para las empresas del siglo XXI. Aunque no olvidemos que la inteligencia cognitiva también es importante, ya que de esta se desprende las habilidades mentales y el conocimiento adquirido a través de las experiencias. Por ejemplo, en las empresas del sector manufacturero usualmente la mano de obra tiene habilidades físicas y de transformación, igualmente el sector de construcción, la minera, la ganadera y la agropecuaria. Por otro lado, las industrias hoteleras contratan personas con habilidades comerciales, atención al cliente e inclusive con conocimientos gastronómicos. Asimismo, las empresas de bienes raíces solicitan personal con excelentes habilidades de negociación, convencimiento, de las cuales tienden a completar una venta.

También las industrias del entretenimiento buscan individuos con destrezas comunicativas, tanto escrita como oral. No obstante, otro tipo de sector se encuentra vinculado con los conocimientos cognitivos, entre ellos se destacan las industrias financieras, sector salud, instituciones educativas y demás. Lo anterior demuestra que en todos lados la inteligencia emocional es importante, por el simple hecho de marcar un antes y después en la personalidad de cada persona. Recordemos los siguientes aspectos de la inteligencia emocional, esto es indispensable tomarlo en cuenta para un buen entendimiento de las habilidades propias de la inteligencia emocional.

Secretos de la inteligencia emocional

Veremos algunos secretos de la inteligencia emocional, en donde hemos sacado lo más relevante, de las cuales esconden las personas más exitosas del mundo. Aprendamos acerca de los siguientes secretos:

Liberarse de influencias tóxicas

En las relaciones interpersonales del día a día existen muchos lazos afectivos que unen a las personas, pero en la personalidad que reflejemos; podemos hacernos esclavos de alguien o ser sus líderes. Por ello, si tenemos amigos negativos, que nos bajan el ánimo e incluso actúen de diversas formas que causen desmotivaciones, entonces es mejor alejarse. También de personas conflictivas, cuyo fin es hacerles daño a los demás, además, si son malas compañías; tenemos otro motivo para alejarnos.

Recordemos que las malas compañías pueden hacernos perder el rumbo de nuestras vidas, si somos débiles podemos caer frente a este tipo de personas, estas pueden usar los defectos que tengamos en nuestra contra. No olvidemos lo que menciona algunos especialistas sobre este tema:

Por esta razón es fácil que la influencia negativa de una persona genere estrés o desequilibrio emocional. Si quieres sentirte libre, entonces tu estado de ánimo no debe depender de la conducta de los demás, este es uno de los grandes retos de la inteligencia emocional, si se va practicando diferentes técnicas de autocontrol, se llegará el día en que se experimentará autonomía de las emociones, al hacerlo se tendrá un gran poder personal. (Corrent, 2015)

Entrar en contacto con nosotros mismos

Como habíamos explicado anteriormente, el autoconocimiento acerca de nosotros mismos, nos conduce al entendimiento de nuestras acciones con la realidad externa. Comprendemos que origina nuestras emociones en circunstancias diversas; con esto tomaremos medidas para evitar cualquier sentimiento de odio, agresividad e incluso salvarnos de cometer un error.

La idea de este secreto es que a través del "yo consciente", investigado por Freud, de las cuales determina que el comportamiento y la personalidad derivan de la relación entre las fuerzas psicológicas conflictivas. El "yo" tiene una correlación con nuestra forma de ser, que se encarga de tratar con la realidad, por eso es importante llegar a controlar este componente, ya que podemos predecir nuestro comportamiento e incluso de cambiarlo para beneficios positivos. ¿Puede una persona agresiva cambiar? Con meditación, por supuesto que sí.

Aprender acerca de inteligencia emocional

Si estamos leyendo este libro es porque realmente queremos mejorar nuestra manera de ser y la forma en que tratamos a los demás. Por consiguiente, una educación emocional nos ayudará a mantenernos en sintonía con la inteligencia emocional, porque así aprenderemos habilidades importantes para el desarrollo de nosotros, nuestras parejas, hijos, padres e incluso amistades. La idea es aprender y compartir lo aprendido, de esta forma seremos un impacto positivo para las personas que nos rodean. Al estar en el último capítulo de este libro, quiere decir que tenemos las bases sólidas para practicar en nuestra vida diaria todas las pautas y consejos concebidos en los capítulos anteriores.

A continuación, veremos cómo la inteligencia emocional puede mejorar nuestra productividad, también la importancia de la empatía media para su inteligencia emocional, además abordaremos por qué la resistencia emocional es tan importante. Asimismo explicaremos cómo impulsar la conciencia de nosotros mismos, el autoconocimiento, cómo liberarse de las opiniones de los demás y por último, cómo facilitar juicios contra personas negativas.

Ahora veamos la importancia de la resistencia emocional, esta parte es clave para tomar conciencia acerca de nuestras acciones con los demás, un intento de autocontrol nos puede ayudar a minimizar un problema.

Importancia de la resistencia emocional

Hemos visto en capítulos anteriores la importancia de la inteligencia emocional en cada aspectos de nuestras vidas, sin embargo, de esta cuestión sobresale la resistencia emocional. ¿Qué es la resistencia emocional? Pues, simplemente es la limitación de algunas emociones impropias o dañinas como el enojo, el odio, la ira, de las cuales nos pueden hacer cometer errores que podemos lamentar después.

Pero hay que tener en cuenta que no todas las emociones negativas son malas, aunque no lo creamos estas nos ayudan a enfrentar amenazas y desafíos, de las cuales tendremos que enfrentar en muchas situaciones de la vida diaria. El enojo nos sugiere que alguien nos está hiriendo e incluso ofendiendo, la tristeza es un símbolo de que no nos sentimos bien con alguna situación, el miedo nos avisa acerca de un peligro inminente. Estas emociones negativas nos pueden mostrar verdades, así como lo explican algunos autores:

Las emociones negativas aumentan nuestra conciencia. Nos ayudan a enfocarnos en un problema de manera que podamos solucionarlo. Pero tener muchas emociones negativas puede agobiarnos, ponernos ansiosos, cansarnos y estresarnos. Cuando hay muchas más emociones negativas que positivas, los problemas suelen ser demasiado grandes y difíciles de resolver. Cuanto más nos preocupamos de las emociones negativas, más negativos nos sentimos. Concentrarse en lo negativo, nos hace más negativos. (D' Arcy Lyness, 2013)

En pocas palabras, las emociones negativas son naturales, por ello no hay que luchar en contra de estos, puesto que es una señal importante de cómo nos parece alguna escena en particular. La naturaleza es tan perfecta que si nos cohibimos con nuestras emociones estamos formando una gran bomba que estallará en cualquier momento. Entendamos esto con ejemplo:

Rubén es un padre familia comprensible y tolerante, muchas veces en su trabajo lo han humillado, maltratado verbalmente e incluso pisoteado, él no nunca dice nada, absorbe sus emociones constantemente. Cuando llega a su casa los problemas no faltan, se acaba de enterar que su esposa le ha sido infiel. Él calla ante aquellas circunstancias, se encierra en su propio mundo; mirando a la pared con una mirada perdida. Rubén ha acumulado tantas emociones que su cuerpo ya no puede sentirse pleno, es como un veneno que bebemos, esperando a que haga efecto. Rubén tiene altas posibilidades de cometer un grave error.

Con el ejemplo anterior podemos darnos cuenta de que en verdad es necesario identificar nuestras emociones, abrirlos en cada momento, hablar con alguien sobre nuestros sentimientos. La idea es expresar nuestras emociones para que salgan y desaparezcan. Entonces, existe una gran diferencia entre resistencia emocional y la cero expresión de emociones, de las cuales muchas personas la pueden definir erróneamente como cohibir las emociones y mantenerlas ocultas, eso es totalmente falso. La resistencia emocional es entender, comprender y gestionar las emociones negativas a un punto de convertirlas en un aprendizaje y en una forma de mantenernos saludables.

Si queremos identificarlas, podemos seguir un consejo dado por muchos psicólogos, esta consta de escribir las emociones que sentimos en determinados momentos, en primera instancia, describir las emociones positivas en ambientes como el hogar, el trabajo, el transporte público e igualmente en lugares sociales. Luego en otra hoja escribir las emociones negativas que tenemos en los ambientes mencionados anteriormente, así sabremos cómo empezar a tomar el control y resistencia sobre nuestras acciones.

¿Cómo impulsar nuestras conciencias con la inteligencia emocional?

Todos tratamos de ser los mejores en la práctica. El ser humano está enfocado en evolucionar de tal forma que el conocimiento usado sea un arma hacia la victoria en un universo misterioso. ¿Somos conscientes de nuestra existencia? ¿Sabemos nuestras emociones y nos conocemos a fondo? Son preguntas que nos hace analizar en cómo estamos desarrollándonos en esta existencia.

En primer lugar, la conciencia es el reconocimiento de nosotros mismos como seres pensantes, emocionales y espirituales. Esta definición es concebida también por algunos autores destacados en el tema:

La información es clave para elevar la conciencia de lo que nuestro cerebro esconde a nuestra mente consciente. Por desgracia somos pensadores impulsados por la emoción. Necesitamos esfuerzo y entrenamiento para ejercitar la introspección y la atención plena. (David Bloor)

Es muy difícil encontrarnos personas que se toman el tiempo para pensar acerca de sus actitudes o comportamientos frente a una determinada situación en particular. Es allí en donde la conciencia toma partido de nosotros mismos.

Estos son los 5 aspectos en que la conciencia nos ayuda:

1) Reconocimiento del "yo pensante".
2) Análisis de situaciones de la vida diaria.
3) Conocimiento a través de la observación.
4) Conocimiento a través de la reflexión.
5) Hallazgo interno de nosotros mismos.

Ahora para impulsar la conciencia conviene que desarrollemos la concentración, esta nos ayudará a concentrarnos en lo que hacemos y sentimos, respecto a los cambios que deseamos mejorar como personas capacitadas. Todos tenemos la oportunidad y las habilidades para potenciar la conciencia. Aunque algunos lo pueden lograr más rápido que otros, esto depende mucho de la voluntad impregnada en nuestra mente.

Otra forma de impulsar nuestra conciencia es alimentarnos intelectualmente, en el sentido de hojear muchos libros acerca del tema, aprender y poner en práctica lo subrayado por los psicólogos y especialistas versados en el tema; la idea no es quedarse con el conocimiento solamente, sino más bien, expresarlo en la vida diaria, recordemos de poner en práctica lo aprendido en este libro.

También podemos tener en cuenta la opinión de expertos sobre el tema de la puesta en marcha de la concentración:

Para no volvernos locos con toda información que entra de manera constante en nuestra vida, nuestro nivel normal de conciencia es relativamente bajo. Para mejorar algo debes elevar tu nivel de conciencia en ese algo, y mantenerlo alto. Para elevar la conciencia tienes que practicar la atención concentrada. Tienes que concentrarte en lo que haces y en lo que sientes, respecto al aspecto de tu vida que quieres mejorar. Si quieres mejorar tu efectividad tienes que prestar mucha atención a cómo te organizas actualmente, cómo haces las cosas y cómo te sientes al respecto. (Francisco Sáez)

Por consiguiente, la forma para aumentar nuestra conciencia es el pensamiento racional y concienzuda sobre nuestra propia razón de ser. Ser capaces de influenciar nuestra emociones a través de la lectura y la práctica de la inteligencia emocional.

¿Cómo liberarse de las opiniones y juicios de las personas?

Por naturaleza el ser humano se encuentra influenciado por las decisiones de los demás, incluso de las opiniones de las personas cercanas. Muchas veces nos importa tanto las opiniones de los demás, que en ocasiones perdemos nuestra propia esencia y nos dejamos influir por los pensamientos de las personas. Hay individuos que dependen mucho de las opiniones de los demás, por ejemplo, se ponen tristes cuando alguien lanza cierto comentario ofensivo o cuando son rechazados. Existe una particularidad en la conducta del ser humano, esto es el instinto por sentirse aceptado y correspondido. Entonces, ¿cómo podemos liberarnos de las opiniones de los demás?

Antes de contestar esta pregunta, debemos analizar el porqué nos importa tanto las opiniones de los demás. Estas son las razones:

1) El ser humano tiende a buscar la seguridad, a través de la aceptación como ser social.

2) En la infancia nos enseñaron que, para alcanzar la paz, debemos llevarnos bien con los demás.

3) Hemos inculcado en nuestras mentes patrones de conductas para adaptarnos a la sociedad.

4) Nos hemos acostumbrados a socializar con los demás de acuerdo con su personalidad, para así mantener las relaciones de hermandad, al igual que mostrar máscaras diferentes para distintos tipos de personas.

5) Por las limitaciones que nuestros padres nos mostraban en la infancia, en cuanto nos moldeaban a conductas que eran mal vistas, por ejemplo, si bailas en una mesa, es mal visto o si cantas feo; no debes hacerlo.

Así como lo afirman muchos psicólogos acerca de los conflictos internos ocasionados por intentar moldearnos a los pensamientos de los demás:

El preocuparte por lo que piensan los demás de ti, genera ansiedad. Pero no te culpes, así lo has aprendido a hacer, lo has hecho para sobrevivir en un mundo de humanos. El reto ahora es encontrar una manera de relacionarte con los demás en la que seas libre de sus opiniones y puedas hacer y dictar tu vida haciendo lo que es mejor para ti. Existe un fenómeno interesante en la mente del ser humano, y esto es sentirte en la mirada de los demás como si hubiera un foco alumbrándote sólo a ti, y esto junto con la manera distorsionada de pensar en la que tú estás seguro de lo que están pensando los demás de ti, es que empiezan los problemas. (Fabiola Cuevas)

Recomendaciones para liberarse de las opiniones y juicios de los demás

Debemos analizar nuestras creencias con referencia a preguntarnos si somos felices actuando de la forma en cómo los demás quieren que actuemos. También tenemos que tomar conciencia acerca de si realmente valoramos que los demás nos quieran como realmente somos o nos rechacen, de allí sabremos si en realidad disponemos de amigos verdaderos. Por último, debemos aceptarnos y aceptar a los demás, respetando sus creencias, costumbres, forma de ser. Así seremos conscientes de la pluralidad de la vida, incluso es importante aprender a ignorar las malas opiniones que los demás tengan sobre nosotros. ¡Es hora de buscar nuestra propia felicidad! ¡Seamos felices como realmente somos!

Conclusiones

En este libro estuvimos analizando lo que es realmente la inteligencia emocional, entrando en primera instancia al concepto de emoción o emociones, de las cuales muchos investigadores y especialistas en el área se han dado a la tarea de investigar al respecto, sin embargo, no existe una definición exacta de lo que significa el término "emoción", debido a la complejidad de lo que este representa. En su lugar, existen una gran variedad de definiciones que pretenden explicar y delinear un concepto. Por ende, hay emociones agradables y desagradables, también descubrimos acerca de su importancia y funciones primordiales, independientemente de que las emociones sean agradables o no, tienen tres principales funciones: adaptativa, social y motivacional. Adaptativa porque preparan al organismo para ejecutar una conducta ante una situación específica; social, ya que permiten la interacción con los demás y motivacional debido a que intensifican la respuesta emocional.

También descubrimos acerca del cociente intelectual expuesto por William Stern, de las cuales propuso el término Cociente Intelectual (CI), para definir el puntaje obtenido de la edad mental (la capacidad intelectual de una persona, la cual se puede obtener mediante pruebas estandarizadas para cada nivel de edad) dividida entre la edad cronológica (en meses) y multiplicado por 100, de tal forma que se obtiene un número entero. En donde un CI de 100 y las variaciones de 15 puntos, 100 ± 15, es decir, entre 85 y 115 son considerados como normales. Los puntajes debajo de 85 o bien, arriba de 115 se consideran como subnormal y supranormal, respectivamente, suministrado por Ardila. En una categorización más amplia, un puntaje de 130 o más implicaría que el individuo es un genio, mientras que de 20-25 o menos se catalogaría como retardo mental profundo.

Por otro lado, también concluimos acerca de la definición de inteligencia emocional, propuesto por Daniel Goleman, él explica que la inteligencia emocional es una herramienta que nos permite relacionarnos con los demás, así como controlar nuestros impulsos, al mismo tiempo que engloba habilidades tales como la autoconciencia, la empatía y la motivación, entre otras. Asimismo, Goleman menciona que para la adaptación social son necesarios ciertos rasgos de carácter como la compasión y la autodisciplina. Una de las características principales de la Teoría de Goleman es que esta puede aplicarse perfectamente al entorno empresarial, pronosticando incluso el éxito o fracaso en la vida laboral. Explicamos acerca de que al conocer nuestras emociones nos permitirá saber cómo reaccionamos ante las distintas situaciones que se nos presentan, de tal forma, que la siguiente vez podamos actuar de manera acertada y efectiva. Indudablemente, la autoconciencia y el autoconocimiento de lo que somos nos permiten gestionar de una mejor forma nuestras vidas.

Además, vimos sobre la importancia de la IE (inteligencia emocional), de las cuales una gran ventaja que sin duda tendremos con la inteligencia emocional, es en nuestro espacio laboral. Este ámbito se verá potenciado, al mantener el alma y la mente serena, automáticamente la productividad aumenta y las ganas por hacer las cosas crece considerablemente. El rendimiento laboral sube con nuestras emociones sanas, si tenemos una mala actitud, nuestro cuerpo reflejará tal afecto y hará que la gente se aleje lentamente, y si el individuo se deja llevar puede transformar alguna situación en una tormenta fatal. Muchos asesores comerciales y personas dedicadas a la atención del cliente siempre deben mantener una excelente actitud, irradiar seguridad y comprender las actitudes de los demás.

Encontramos algunos modelos en la inteligencia emocional como los modelos mixtos, el modelo de Goleman, modelo Bar-On, también los modelos de habilidades en las cuales se destaca el modelo Salovey y Mayer. Además, existen otros modelos como el modelo Cooper y Sawaf, modelo Boccardo Sasia y Fontenla, modelo Matineaud y Engelhartn y el modelo de Rovila. Concluimos así que algunos modelos se basan en el aspecto de personalidad del individuo, teniendo en cuenta su forma social de acuerdo con la realidad externa en el que se encuentra involucrado, por otro lado, también se resalta las habilidades de desarrollo interno, cuyo origen está potenciado por una parte del cerebro. Y existe una clara diferencia entre inteligencia emocional y cognitiva.

Luego realizamos una prueba sobre la inteligencia emocional con 20 preguntas de análisis, de las cuales nos daba un aproximado a través de los puntos, un nivel de inteligencia emocional. Igualmente concluimos las diferencias de inteligencia emocional y cognitiva. La primera se encuentra ligado notablemente con los aspectos sentimentales del individuo, en cuanto a la actitud que expresa en el mundo en que lo rodea, su forma de percibir y tomar el control en las situaciones, el desenvolvimiento emocional que tiene el individuo y su forma de tratar a los demás. Mientras que el razonamiento cognitivo hace referencia al conocimiento intelectual y sus acciones lógicas a través de un pensamiento coherente, desarrollando una acción completa.

Seguimos unos pasos para desarrollar la inteligencia emocional, entre estas pudimos notar: detectar las emociones, no juzgar las emociones, controlar los pensamientos, entender las actitudes de los demás y tener hábitos de aprendizaje.

En el capítulo tres, descubrimos la forma para desarrollar las habilidades de la inteligencia emocional, de las cuales muchos líderes tienen aquellas destrezas impregnadas y concebidas en sus personalidades. Algunas claves para fortalecer esta parte son: reflexionar sobre las emociones, escuchar a los demás, saber las debilidades y fortalezas internas, tener un pasatiempo, meditar, dormir bien, aprender el valor del amor, no juzgar a los demás, aprender a controlar las emociones y nunca rendirse. También explicamos que las habilidades de la inteligencia emocional son: capacidad de automotivación, empatía, autoconciencia emocional, control de impulsos y comunicación asertiva.

Por otro lado, también vimos los cuatro pilares fundamentales de la inteligencia emocional, entre ellos se encuentran: la autoconciencia, la autogerencia, la conciencia social y la gerencia de relaciones. También descubrimos que una forma de enseñarle a los niños la inteligencia emocional es a través de juegos divertidos y lógicos.

Descubrimos acerca de la relación de la inteligencia emocional en el trabajo, comenzamos por los empleados, de las cuales deben adaptarse a los cambios de la vida laboral, ya que las compañías prefieren empleados con una buena actitud de servicio, prácticamente a las personas positivas y que usan la inteligencia emocional son elegidas para buenos puestos en una compañía. Vimos algunas habilidades que todo trabajador debe tener para el año 2020, entre estas se destacan: solución de problemas complejos, trabajo en equipo, gestión de personal, pensamiento crítico, negociación, control de calidad, servicio de orientación, toma de decisiones, escucha activa, creatividad, inteligencia emocional y reflexión cognitiva.

Indagamos acerca de algunos consejos que los trabajadores podrían tener en cuenta, entre estos podemos evaluar: ejercitar el cuerpo, desarrollar sentimientos y no solo pensamientos, limitar las emociones, tomar decisiones de manera segura, cultivar la flexibilidad, comenzar siempre por comentarios positivos, intentar solucionar los conflictos en el menor tiempo posible, escuchar con empatía, controlar el estrés y ser uno mismo.

En cuanto a los empleadores concluimos que la cabeza de una empresa es sin duda el dueño, y de allí se engloba los diferentes jefes de cada departamento, ya sea el administrativo, financiero, el de marketing y publicidad, el de atención al cliente, seguridad en el trabajo, y otros departamentos, dependiendo del tamaño de la empresa. Todo líder debe ser empático y abierto a las nuevas posibilidades e incluso adaptarse a la personalidad de sus empleados. Los empleadores deben anticiparse a los problemas, ser los primeros en intervenir, mejorar a los trabajadores, ser flexibles y adaptables, cultivar a los trabajadores empáticamente,

Asimismo, si los empleadores quieren contratar a personas con un alto nivel de inteligencia emocional deben usar la prueba de MEITPRO, esta es la mejor alternativa a la hora de medir el nivel de inteligencia emocional de los candidatos. También vimos algunos casos de la vida real en la resolución de problemas.

En cuanto a la inteligencia emocional en la vida familiar, concluimos que un apropiado uso de la IE nos puede encaminar a una relación en pareja genuina, ya que cultivaremos valores como la tolerancia, la honestidad, la sensatez, el respeto y sobre todo el equilibrio emocional. Muchas personas pueden perder oportunidades para conseguir pareja, por el simple hecho de sentirse inseguros, piensan lo negativo, ven cosas o situaciones donde no las hay, tienen miedo al fracaso y demás aspectos netamente negativos. Tener una excelente comunicación es la clave para mantener buenas relaciones, ya que podemos encontrar el punto de equilibrio en nuestras vidas, para así no sentirnos atribulados o resentidos.

Finalmente descubrimos los grandes secretos que esconde la inteligencia emocional, muchas de estas son: liberarse de influencias tóxicas, entrar en contacto con nosotros mismos y aprender acerca de la inteligencia emocional. Incluso debatimos acerca de la influencia de los demás en nuestras acciones, ¡debemos ser nosotros mismos para alcanzar la felicidad!

Este libro ha mostrado toda la información valiosa acerca de la inteligencia emocional, de una forma entendible y con muchos ejemplos prácticos de la vida diaria. La manera de mejorar nuestra inteligencia es la lectura y la práctica.

Bibliografia

Muñoz, M. P. M. (2019, February 27). Concepciones de niños y niñas sobre la inteligencia ¿Qué papel se otorga a las funciones ejecutivas y a la autorregulación? Retrieved December 27, 2019, from http://www.scielo.org.pe/scielo.php?script=sci_arttext&pid=S2307-79992019000200011&lng=es&nrm=iso&tlng=es

Ardila, R. (2011, March 1). Inteligencia. ¿Qué sabemos y qué nos falta por investigar? Retrieved December 27, 2019, from https://go.gale.com/ps/anonymous?id=GALE%7CA265486059&sid=googleScholar&v=2.1&it=r&linkaccess=abs&issn=03703908&p=IFME&sw=w

Castillo, I. (2013, April 1). Importancia de la teoría de las inteligencias múltiples y la inteligencia emocional en el ámbito educativo. Retrieved December 27, 2019, from https://www.efdeportes.com/efd179/la-inteligencia-emocional-en-el-ambito-educativo.htm

Dueñas, M. (2002). *IMPORTANCIA DE LA INTELIGENCIA EMOCIONAL: UN NUEVO RETO PARA LA ORIENTACIÓN EDUCATIVA* (5, 2002, pp. 77–96). Retrieved from https://www.redalyc.org/pdf/706/70600505.pdf

Garcia, M. (2019, February 18). Inteligencia Emocional, la clave para ser feliz ⋆. Retrieved December 27, 2019, from https://www.mentepositiva.info/inteligencia-emocional/

RodrÍGuez, R. L. (2019, June 5). ¿Por qué es tan importante la inteligencia... Retrieved December 27, 2019, from https://mejorconsalud.com/tan-importante-la-inteligencia-emocional/

Lemos, R. (2019, June 5). Por qué es tan importante la inteligencia... Retrieved December 27, 2019, from https://mejorconsalud.com/tan-importante-la-inteligencia-emocional/

García, M., & Giménez, S. (2010). LA INTELIGENCIA EMOCIONAL Y SUS PRINCIPALES MODELOS: PROPUESTA DE UN MODELO INTEGRADOR. *Espiral. Cuadernos Del Profesorado*, 5(6), 45–50. Retrieved from /Dialnet-LaInteligenciaEmocionalYSusPrincipalesModelos-3736408.pdf

Psicoactiva. (2016). Test de Inteligencia Emocional. Retrieved December 27, 2019, from https://www.psicoactiva.com/test/test-de-inteligencia-emocional.htm

Raffino, M. (2019, December 4). Inteligencia Emocional. Retrieved December 27, 2019, from https://concepto.de/inteligencia-emocional/

Hill, D. W. (2018, January 10). Genomic analysis of family data reveals additional genetic effects on. Retrieved December 27, 2019, from

https://www.nature.com/articles/s41380-017-0005-

1?error=cookies_not_supported&code=5eeedf96-dcd5-4300-a7fb-2835952fb48c

Business School. (2014, September 1). Descubre las habilidades de la inteligencia emocional. Retrieved December 27, 2019, from https://retos-directivos.eae.es/descubre-las-habilidades-de-la-inteligencia-emocional/

Guilera, J. (2019, July 1). Inteligencia emocional : ¿Qué habilidades son imprescindibles? Retrieved December 27, 2019, from https://blog.mentelex.com/inteligencia-emocional-que-habilidades-son-imprescindibles/

Manzanilla, V. H. (2018, March 27). Los 4 pilares de la inteligencia emocional (EQ) en el liderazgo. Retrieved December 27, 2019, from https://www.liderazgohoy.com/4-pilares-inteligencia-emocional-liderazgo/

Rouse, M. (2015, August 21). ¿Qué es CRM (Gestión de relaciones con los clientes)? - Definición en WhatIs.com. Retrieved December

27, 2019, from
https://searchdatacenter.techtarget.com/es/defi
nicion/CRM-Gestion-de-relaciones-con-los-
clientes

Bravo, A. (2019). Sucuri WebSite Firewall -
Access Denied. Retrieved December 27, 2019,
from
https://www.enfoquevisionario.com/inteligencia
-emocional-trabajo/

Garcia, E. (2010). *DESARROLLO DE LA
MENTE: Filogénesis, Sociogénesis y Ontogénesis*
(8). Retrieved from
https://webs.ucm.es/centros/cont/descargas/do
cumento25317.pdf

Meneses, N. (2019, December 26). Estas serán las
habilidades profesionales más demandadas en
2020. Retrieved December 27, 2019, from
https://elpais.com/economia/2019/12/26/actual
idad/1577364486_808223.html

Gray, A. (2016, January 19). The 10 skills you need to thrive in the Fourth Industrial Revolution. Retrieved December 27, 2019, from https://www.weforum.org/agenda/2016/01/the-10-skills-you-need-to-thrive-in-the-fourth-industrial-revolution/

Organización mundial de la salud. (2004). *La organización del trabajo y el estrés* (3). Retrieved from https://www.who.int/occupational_health/publications/pwh3sp.pdf

Calderón, L. (2010, November 24). El éxito depende de la inteligencia emocional. Retrieved December 27, 2019, from https://noticias.universia.edu.pe/en-portada/noticia/2008/09/07/726988/exito-depende-inteligencia-emocional.html

HelpGuide. (2019, December 11). Improving Emotional Intelligence (EQ). Retrieved December 27, 2019, from https://www.helpguide.org/articles/mental-health/emotional-intelligence-eq.htm

González, A., González, J., & Breso, E. (2013, December 11). La evaluación de la inteligencia emocional: ¿autoinformes o pruebas de habilidad? Retrieved December 27, 2019, from http://repositori.uji.es/xmlui/handle/10234/77307

Cano, P. I. (2018, May 14). Entrevista a Beatriz Blasco. Retrieved December 27, 2019, from https://aprendizate.com/motivacion/como-se-motiva-el-motivador/entrevista-beatriz-blasco/

Falck, E. (2016, January 2). Los secretos de la inteligencia emocional. Retrieved December 27, 2019, from http://articulos.corentt.com/los-secretos-de-la-inteligencia-emocional/

Arcy, D. (2013). Comprender a los demás (para Adolecentes) - Nemours KidsHealth. Retrieved December 27, 2019, from http://fugazi.kidshealth.org/es/teens/understanding-others-esp.html?WT.ac=ctg

Bloor, D. (1998). Conocimiento e Imaginario Social - David Bloor. Retrieved December 27, 2019, from https://es.scribd.com/doc/37875027/Conocimiento-e-Imaginario-Social-David-Bloor

Saez, F. (2019). Reir aumenta tu productividad. Retrieved December 27, 2019, from https://facilethings.com/blog/es/laugh

Cuevas, P. F. (2019). Cómo liberarse del juicio o el qué dirán de los demás – Desansiedad. Retrieved December 27, 2019, from https://www.desansiedad.com/blog/como-liberarse-del-juicio-o-el-que-diran-de-los-demas

Créditos de Imagen:
https://www.Shutterstock.com